Vivre libre avec les existentialistes

Sartre, Camus, Beauvoir...
et les autres

Groupe Eyrolles
61, bd Saint-Germain
75240 Paris cedex 05

www.editions-eyrolles.com

Du même auteur chez le même éditeur :
Des philosophes pour bien vivre.
Manager avec la philo.

Chez le même éditeur :
Luc de Brabandere, *Petite Philosophie des histoires drôles.*
Bérangère Casini, *Vivre avec philosophie.*
Gilles Prod'homme, *S'exercer au bonheur, la voie des stoïciens.*
Xavier Pavie, *L'Apprentissage de soi.*
Éric Suárez, *La philo-thérapie.*
Balthasar Thomass, *Être heureux avec Spinoza.*

Le code de la propriété intellectuelle du 1er juillet 1992 interdit en effet expressément la photocopie à usage collectif sans autorisation des ayants droit. Or, cette pratique s'est généralisée notamment dans l'enseignement, provoquant une baisse brutale des achats de livres, au point que la possibilité même pour les auteurs de créer des œuvres nouvelles et de les faire éditer correctement est aujourd'hui menacée. En application de la loi du 11 mars 1957, il est interdit de reproduire intégralement ou partiellement le présent ouvrage, sur quelque support que ce soit, sans autorisation de l'Éditeur ou du Centre Français d'Exploitation du Droit de copie, 20, rue des Grands-Augustins, 75006 Paris.

Eugénie VEGLERIS

Vivre libre avec les existentialistes

Sartre, Camus, Beauvoir... et les autres

EYROLLES

Sommaire

Introduction 1

**Chapitre 1 – Origines, sens et destins
du courant existentialiste** 3

Les origines du courant existentialiste 4

*Sören Kierkegaard à la recherche d'une vérité
qui le fait vivre* 4

Friedrich Nietzsche et les livres de sang 6

Les voies de l'existentialisme 7

L'histoire des philosophies existentielles 10

L'entre-deux-guerres et la crise du sens 11

*Les lendemains de la Seconde Guerre mondiale
et l'explosion existentialiste* 13

La contribution de Heidegger 15

Le sens des existentialismes 17

L'éclipse de l'existentialisme 19

**Chapitre 2 – Rencontrer le jaillissement de sa
liberté avec Kierkegaard, Jaspers et Sartre** 23

Sören Kierkegaard 24

La rupture avec la bien-aimée 24

La difficile rencontre avec sa propre liberté 26

Karl Jaspers 29

La maladie mortelle 29

La difficile traversée des situations-limites 31

Jean-Paul Sartre 33
   Huis clos et nausée 33
   La difficile prise en charge du vertige d'exister 35

Chapitre 3 – Penser l'ambiguïté de l'existence avec Camus, Merleau-Ponty et Beauvoir 39
   Albert Camus 40
      L'envers et l'endroit 40
      Le courage de l'absurde 42
   Maurice Merleau-Ponty 45
      L'ambiguïté de l'expérience vécue 45
      La fidélité à l'énigme 47
   Simone de Beauvoir 50
      Le deuxième sexe 50
      La décision dans les ténèbres 51

Chapitre 4 – Assumer sa liberté avec Beauvoir, Sartre et Jaspers 55
   Simone de Beauvoir 56
      Se vouloir libre 56
      Vouloir la liberté 58
   Jean-Paul Sartre 61
      Engager sa liberté 61
      S'engager pour l'humanité 62
   Karl Jaspers 65
      Choisir d'être soi-même 65
      Éprouver sa liberté 67

Chapitre 5 – Vivre libre avec Merleau-Ponty, Camus et Kierkegaard 71
   Maurice Merleau-Ponty 72
      Revenir à l'expérience même de la liberté 72
      Se reconnaître libre 74
   Albert Camus 77
      Se libérer par la lucidité 77
      Vivre libre et solidaire des autres 79

Sören Kierkegaard 82
   Être libre en voulant l'Un 82
   *Vivre libre comme les fleurs des champs
   et les oiseaux du ciel* 84

Chapitre 6 – Existentialismes et philosophie 87
  Les existentialistes et la philosophie 88
   La fascination des origines 88
   L'école de la philosophie 90
  Maurice Merleau-Ponty 93
   L'éveil philosophique 93
   Éloge de la philosophie 95
  Karl Jaspers 98
   L'indépendance philosophique 98
   La foi philosophique 99

Et pour ne pas conclure... 103

Glossaire 109

Éléments de bibliographie 127

Index des noms propres 133

Index des œuvres citées 135

Index des notions 137

Introduction

Le message des philosophes de l'existence est, aujourd'hui, d'une brûlante actualité. Les progrès technologiques et l'évolution des mœurs nous libèrent chaque jour davantage des contraintes que la nature et la morale faisaient peser sur nous. En même temps, les progrès scientifiques et l'évolution des lois ne cessent de produire de nouvelles servitudes. D'un côté, chacun peut se considérer libre de faire ce qu'il veut, d'autant qu'on nous incite de toutes parts à prendre des initiatives et à en assumer la responsabilité. De l'autre, chacun se sait déterminé par son ADN et est, par ailleurs, appelé à s'assurer contre toutes sortes de risques. D'un côté, tout semble accessible et permis – nous voici libres comme l'air. De l'autre, tout se présente prédéterminé et planifié – nous voici pris dans une raison scientifique et sociale qui cherche à tout contrôler. En somme, notre société nous enferme dans une injonction paradoxale : Vivez libres, mais, attention, le plus gros est génétiquement et socialement programmé. Et, mis en face d'un ordre contradictoire, nous sommes bloqués. Drôle de situation, tout de même !

Les philosophes de l'existence nous aident, justement, à sortir de cette situation contradictoire. Leur message est que l'homme est libre dans les limites de sa condition, dans la complexité du monde et malgré les événements difficiles qu'il a à affronter. Le vif de leur sujet, ce n'est pas l'homme en général, mais l'individu existant, pris dans des situations à chaque fois singulières, confronté au regard des autres, embarrassé par son corps, hésitant dans ses choix. Leur ambition est d'éclairer l'existence, non pas d'en dégager la vérité. Cette ambition est en fait une interpellation. C'est à chaque individu de trouver la vérité qui le fait vivre, c'est à chaque existant de donner sens à son existence. Et le sens jaillit dès lors que nous pensons et agissons en hommes libres. Dans une société qui nous bombarde de recettes pour mieux être en étant tels que le marché du corps et du sens nous veut, les philosophes de l'existence nous lancent un vigoureux appel : construisez votre existence en comptant sur la lucidité et la capacité créative de votre conscience.

Si le cœur de toute philosophie de l'existence est l'affirmation de la liberté, les voies ouvertes par l'existentialisme sont diverses. Cette diversité est elle-même une preuve de liberté et une exigence de liberté. À chacun de trouver ses cheminements pour construire les voies de sa propre vie.

Chapitre 1

Origines, sens et destins du courant existentialiste

L'existentialisme naît d'une révolte contre la raison. En se développant, la raison élabore des philosophies systématiques qui prétendent à la vérité absolue. À partir de la naissance des sciences expérimentales, au XVIIIe siècle, la raison est le ressort d'un progrès scientifique et technique qui semble promettre la résolution, à terme, de tous les problèmes humains.

Le dernier des philosophes systématiques est Hegel* (1770-1831). Hegel a l'idée géniale de penser l'ensemble de la réalité comme un processus historique qui puise l'essor de son évolution dans les contradictions qui lui sont inhérentes. Mais il fige cette idée révolutionnaire en construisant un système rigoureux pour expliquer définitivement le sens de tout – de la nature, de la religion, de l'art, du droit. Ce faisant, il extrait l'homme de sa réalité concrète pour le penser comme un objet déterminé par les lois de l'histoire.

3

Les existentialismes se construisent d'une manière ou d'une autre par rapport à Hegel. Dans le sillage de Hegel, ils inscrivent l'homme dans l'histoire et pensent l'existence dans son rapport indissoluble avec le temps qui passe. À rebours de Hegel, ils rejettent toute théorisation systématique de la condition humaine et renvoient chaque individu à la situation particulière qu'il est en train de vivre. Dans les deux cas, les philosophes de l'existence utilisent la raison pour dénoncer l'impuissance de celle-ci à rendre compte de l'énigme de l'existence.

Les origines du courant existentialiste

Sören Kierkegaard à la recherche d'une vérité qui le fait vivre

Sören Kierkegaard (1813-1855) s'insurge contre la raison, qui expulse l'existence. *Faire abstraction de l'existant, c'est mutiler la réalité*, écrit-il. Cœur tourmenté, Kierkegaard se met en quête d'une vérité qui l'aide à vivre. *Ce qui me manque, c'est d'être au clair avec moi-même sur ce que je dois faire et non sur ce que je dois connaître [...]. Il s'agit pour moi de trouver une vérité qui soit vérité pour moi, l'idée pour laquelle je veux vivre et mourir.*

Le christianisme prêché par l'Église ne peut lui fournir cette vérité. Baignant dans un environnement protestant, Kierkegaard repousse violemment le conformisme des *chrétiens du dimanche,* indifférents au message du Christ. Ce refus le conduit à croire absolument en celui qui a dit : *Je suis le chemin, la vérité et la vie*. La parole du Christ est la négation du dogmatisme*. Elle révèle à Kierkegaard que la vérité est toujours celle d'un individu qui fait de son existence un chemin.

La pensée de Kierkegaard naît de l'intuition que toute connaissance est celle d'un sujet vivant confronté au mystère d'une vie dont il est le protagoniste. La *décision* de se comprendre lui-même dans l'existence le porte à envisager l'existence comme un cheminement dans l'incertain. Elle le porte à faire des choix, avec la conscience que choisir c'est toujours se choisir soi-même et endosser la pleine responsabilité de ce choix fondamental. L'existence, qui est toujours celle d'un individu de chair et de sang, est donc liberté qui s'éprouve dans le risque et dans la confrontation avec la mort.

Nous allons provisoirement quitter Kierkegaard, dont le choix personnel est de mener une existence authentiquement chrétienne. Ce qui nous intéresse pour l'instant, c'est l'irruption, sur la scène de la pensée philosophique, de l'existence concrète, libre de choisir son propre sens. Ce qui nous intéresse aussi, c'est l'avènement du *penseur subjectif*, du penseur qui ne se cache pas derrière des idées générales mais se dévoile lui-même à travers son œuvre.[1]

---

1. Les citations sont extraites du *Journal* et de *Post-scriptum*.

Friedrich Nietzsche et les livres de sang

Friedrich Nietzsche (1844-1900) se révolte contre la philosophie qui érige la raison en valeur suprême, sépare l'esprit du corps et pose la réalité d'un au-delà. Esprit bouillonnant, Nietzsche affirme qu'un philosophe ne parle jamais qu'à partir de lui-même. *Chez le philosophe, rien n'est impersonnel, et sa morale, en particulier, donne un témoignage net et décisif de ce qu'il est, lui, c'est-à-dire de la hiérarchie qui préside chez lui aux instincts les plus intimes de sa nature.*

L'intuition de Nietzsche est que la philosophie classique, de Socrate à Hegel, subordonne la réalité concrète à un idéal qui fait abstraction de la vie. Le christianisme de l'Église renforce cette tendance, en y ajoutant une forte inclination moralisatrice. La chair est condamnée comme le lieu du péché. Or Nietzsche se vit comme le penseur qui écrit à partir de sa chair. *J'ai écrit mes livres avec mon propre sang.*

Sa chair lui dit que *Dieu est mort*, que les anciennes valeurs se sont effondrées laissant l'homme livré à lui-même, dans l'angoissante nécessité d'assumer à la fois sa propre énigme et son rôle de *déchiffreur d'énigmes*. Contrairement à ce que disent philosophes, prêtres et savants, la vie de l'homme sur terre est *un instant, un accident, une exception sans suite. L'homme est un animal qui n'a pas encore été classé*, un être indéterminé, un vivant dont la liberté consiste à créer lui-même le sens qui lui permet de supporter le fond tragique de l'existence.

Nous allons quitter Nietzsche, dont le choix est d'ouvrir la voie au *Surhumain** en vivant lui-même jusqu'au bout, dans la souffrance et dans la joie, la contradiction constitutive de la vie. Ce qui nous intéresse, c'est la présentation de l'individu comme le créateur de ses valeurs dans un monde sans Dieu. Ce qui nous intéresse aussi, c'est l'idée que toute vision du monde est *interprétation subjective* et que le critère de la pensée authentique n'est pas la vérité, mais la force avec laquelle son auteur adhère à la force mystérieuse de la Vie.[1]

Les voies de l'existentialisme

Par leur œuvre et par le lien de leur œuvre avec leur propre vie, Kierkegaard et Nietzsche inaugurent la voie de la philosophie existentielle[2]. Tous deux font le procès virulent de la démarche rationnelle qui prétend à la vérité objective. Par leur relation pathétique à l'écriture, tous deux prouvent que l'acte de penser puise son suc dans la singularité de l'individu concret. Tous deux répètent qu'ils sont autre chose que des « philosophes ». S'engageant à penser la complexité de l'existence, ils ne cessent de nous signifier que la pensée ne saurait en résoudre le mystère, mais seulement le pressentir.

Par leur rapport au christianisme, Kierkegaard et Nietzsche sont opposés et, en même temps,

---

1. Les citations sont extraites du *Livre du philosophe*, d'*Ainsi parlait Zarathoustra* et de *Généalogie de la morale*.
2. Le mot existence, au sens moderne de réalité individuelle, apparaît avec Friedrich Schelling (1775-1854). Cf. Hannah Arendt, *La Philosophie de l'existence*.

étrangement proches. Critique implacable du christianisme conformiste, Kierkegaard affirme passionnément Dieu à travers le Christ. Critique impi-toyable de la religion chrétienne, Nietzsche rejette Dieu et la foi en Jésus pour affirmer le carac-tère sacré* de la terre, matrice de la puissance créatrice qu'est la vie. Mais, pour l'un et pour l'autre, le Christ est le modèle de l'individu qui incarne intégralement la contradiction de l'existence. Pour Kierkegaard, le Christ réalise *le paradoxe absolu*, l'irruption de l'éternité dans le temps. Pour Nietz-sche, Jésus est *le joyeux messager* par lequel le oui à la vie s'exprime en termes d'amour. La figure du Christ ouvre la voie existentielle par l'affirmation subjective et radicale : *Je suis le chemin, la vérité et la vie*.

La pensée de Kierkegaard est existentielle de bout en bout, car elle maintient vibrante la tension de l'individu aux prises avec son angoissante liberté. La pensée de Nietzsche ne l'est que partiellement et, si on y regarde bien, elle ne l'est peut-être pas du tout. Car Nietzsche finit par définir la liberté comme une acceptation de la nécessité du devenir, elle-même conçue comme *éternel retour**. Quoi qu'il en soit, le courant existentialiste est fortement marqué par ses deux sources.

La philosophie existentielle est, de fait, traversée par deux mouvements, un mouvement qui affirme l'existence d'un Dieu vivant, et un mouvement qui tourne le dos à Dieu. Et, à l'intérieur de la voie ouverte par ces deux penseurs, chaque philosophe de l'existence pioche ses thèmes ici et là, tantôt chez Kierkegaard, tantôt chez Nietzsche, sans hésiter à fabriquer son propre mélange alchimique.

Le courant existentialiste draine, en effet, des penseurs si divers qu'il est très difficile de les classer sous un même nom. À dire le vrai, le classement est impossible. La preuve en est que chaque historien de la philosophie classe à sa manière, excluant tantôt Heidegger, tantôt Merleau-Ponty, tantôt Camus... Les penseurs de l'existence se critiquent d'ailleurs sévèrement les uns les autres, mais tous à partir de la vision qu'ils ont de l'existence. Ainsi, Camus dit qu'il n'est pas existentialiste et affirme sa conception de l'existence en s'opposant à Kierkegaard, Jaspers, Sartre ou Heidegger... Quant à Merleau-Ponty, il cherche à comprendre le noyau de ce courant en prenant de la distance par rapport aux disputes[1]. Le philosophe Emmanuel Mounier a sans doute raison de parler des « existentialismes » plutôt que d'« existentialisme » ou de « philosophie existentialiste »[2].

Trouver son propre pas

Cette situation ne peut que nous réjouir. Les penseurs que nous allons rencontrer à travers les thèmes existentialistes nous communiquent un message clair et vigoureux.

La pensée vivante est inclassable, nous disent-ils. La pensée vivante est toujours celle d'un individu qui

---

1. « La querelle de l'existentialisme », in *Sens et non-sens.*
2. *Introduction aux existentialismes.*

chemine de façon imprévisible. Vivre libre, c'est, avant tout, penser librement. Le lecteur des penseurs appelés existentialistes doit suivre leur exemple, non pas pour s'y plier, mais, au contraire, pour sortir des conformismes. À chaque lecteur de choisir ce qui l'éclaire pour avancer dans sa vie.

Pour choisir ainsi, à chaque lecteur de surmonter ses premières préférences. Car on peut être croyant et cependant trouver des clés pour vivre libre chez Sartre ou Camus. On peut être agnostique ou athée, et pourtant découvrir des pistes pour vivre libre chez Kierkegaard ou Jaspers. Ce qui importe, c'est de trouver son propre pas pour construire les chemins divers et ouverts de sa liberté.

L'histoire des philosophies existentielles

Nietzsche meurt en 1900. Les vingt premières années de ce siècle sont marquées par l'essor de la science, les horreurs de la Première Guerre mondiale et la révolution soviétique. La naissance de la physique subatomique* et la théorie de la relativité* bouleversent la vision de l'Univers de Newton* (1642-1727) et entraînent une suite fulgurante d'inventions technologiques. L'emballement du monde entier à partir d'un conflit local et les morts massives dans les tranchées font soudain apparaître l'interdépendance de tous les lieux de la planète et la barbarie des hommes civilisés. L'avènement de l'État communiste amorce la division du monde occidental en deux blocs politiques revendiquant, chacun, le privilège d'instaurer la justice.

L'incertitude fait son entrée dans l'Univers et dans les cœurs. La découverte du désordre atomique arrache l'Univers à ses lois immuables. Les informations transmises par la radio et le cinématographe sur les événements du monde entretiennent quotidiennement l'inquiétude des esprits. Ce contexte fait entrer la philosophie elle-même en crise. Plus exactement, les philosophes de l'entre-deux-guerres puisent dans Kierkegaard et Nietzsche les ingrédients de la critique qu'ils vont eux-mêmes adresser à la démarche philosophique. Les progrès des sciences et des techniques, désormais indissolublement liés aux drames politiques, révèlent la nécessité d'aborder autrement les problèmes qui se posent à l'homme.

L'entre-deux-guerres et la crise du sens

Cette autre manière est inaugurée en 1927 par l'ouvrage *Être et Temps*, de Martin Heidegger (1889-1976). Pour ce philosophe allemand, lecteur attentif de Nietzsche, la civilisation technicienne est en train de poursuivre, avec d'autres moyens, l'ambition de la philosophie métaphysique* : comme la métaphysique, qui cherchait à dévoiler le fondement invisible du réel, ainsi la science vise à dévoiler les tréfonds de la réalité pour soumettre intégralement la Nature au bon vouloir de l'homme. L'emprise croissante de la technique, caractéristique de la modernité, coupe l'homme de la question du sens de son existence. Ainsi coupé de ce qui constitue et nourrit son être, l'homme perd sa liberté de penser et s'enlise dans les on-dit – dans le *on* impersonnel et anonyme de l'opinion qui le soumet aux préjugés et aux réflexes conditionnés. Pour Heidegger, il est urgent de revenir au *souci de l'être*, de prendre soin du sens. Ce soin commence par la prise de conscience qu'exister, c'est se saisir comme un être qui, contrairement aux choses, est sans cesse projeté hors de lui-même, situé dans le temps et destiné à la mort.

Dans deux ouvrages cruciaux[1], Edmund Husserl (1859-1938) présente une histoire critique du progrès de l'esprit scientifique. Né au VIe siècle en Grèce comme désir philosophique de comprendre la réalité dans son unité, l'esprit scientifique avance en séparant les domaines du réel pour mieux les connaître. Le développement des sciences expérimentales coïncide avec leur spécialisation croissante, qui enfante à son tour les sciences humaines. Si la spécialisation est à la base du progrès des sciences et de leurs applications techniques, ce progrès produit un aveuglement périlleux. Fragmentant la réalité en une multitude de secteurs, et la connaissance en une multitude d'expertises, la raison sombre dans trois erreurs funestes. Elle s'imagine que la connaissance est cumul d'expertises, que les hommes sont situés en dehors de la Nature et qu'il est possible de connaître scientifiquement l'humain.

---

1. *La Crise des sciences européennes* et *La Crise de l'humanité européenne et la philosophie*.

Entre les deux guerres, Heidegger déclare la liberté authentiquement humaine en danger de mort : l'enlisement dans les idées reçues et le conformisme détournent l'homme de son existence[1]. À la veille de la Seconde Guerre mondiale, Husserl tire le signal d'alarme : si l'esprit philosophique ne prend pas conscience de la crise dans laquelle la raison se trouve par le fait de ses progrès, l'Europe succombera à sa propre *barbarie*. Heidegger et Husserl pointent du doigt le non-sens dans lequel l'homme du XXe siècle est en train de s'engouffrer.

La production industrielle de la mort dans les camps nazis et l'extermination des dissidents dans les camps soviétiques font exploser l'absurde en plein Occident pétri de philosophie, de morale chrétienne et de déclarations en faveur des droits de l'homme. Ces pavés que Heidegger et Husserl lancent dans le marécage de l'entre-deux-guerres n'ont révélé la justesse de leur message qu'une fois l'horreur perpétrée.

Les lendemains de la Seconde Guerre mondiale et l'explosion existentialiste

C'est en 1945 et en France que l'existentialisme fait brusquement son entrée. Pour la première fois, son nom apparaît pour qualifier une manière de penser et de vivre d'un genre nouveau – la philosophie de

---

1. En 1954, et sans faire le lien avec celle-ci, Heidegger radiographie avec une extrême justesse l'essence de la technique moderne, qui dénature la Nature et déshumanise l'homme. Cf. « La question de la technique », in *Essais et conférences*.

l'existence. Et ce nom s'affiche frontalement lors d'une conférence intitulée « L'existentialisme est un humanisme ». Jean-Paul Sartre (1905-1980) y vulgarise sa propre pensée, articulée autour de l'affirmation : *L'homme est liberté*. Sartre avait, dès 1936, écrit essais et pièces de théâtre, faisant de la liberté individuelle son thème central. En 1943, paraissait *L'Être et le Néant*, traité érudit qui développe cette nouvelle philosophie. Mais c'est au lendemain de la guerre, alors que se fait intensément ressentir le besoin de rompre avec toute forme de tyrannie, que l'existentialisme s'impose comme la voie à suivre.

L'Europe doit se reconstruire architecturalement, financièrement, mais surtout moralement. L'échec de la démocratie libérale ouvre deux voies, divergentes jusqu'à l'opposition. La première mène à la mise en place de garanties internationales pour le respect des droits de l'homme et inspire des philosophies personnalistes*, comme celle d'Emmanuel Mounier (1905-1950). La seconde conduit à regarder le marxisme* comme une alternative à une démocratie qui n'a su éviter le système totalitaire. Jean-Paul Sartre, Maurice Merleau-Ponty (1908-1961), Albert Camus (1913-1960), Simone de Beauvoir (1908-1986) et quelques autres cherchent à concilier l'affirmation de la liberté individuelle et le nécessaire rassemblement des hommes pour construire une histoire véritablement humaine. Dans cette période d'effervescence, la mise en avant d'une liberté qui refuse toute sorte de servitude et appelle l'individu à créer ses valeurs enflamme les esprits.

Les penseurs français, Sartre en tête, occupent le devant de la scène.

Le mouvement existentialiste surgit simultanément comme un courant philosophique et comme un phénomène sociologique. La figure de Sartre devient emblématique d'une nouvelle façon de penser libre et de vivre libre. Formant, avec Simone de Beauvoir, pionnière du féminisme, un « couple libre », Sartre est reconnu, par ses adeptes, comme maître à penser et comme modèle à suivre. La violence de ses détracteurs ne fait qu'augmenter sa célébrité. Et ce grouillement humain qui noircit quotidiennement les cafés de Saint-Germain-des-Prés fait de l'ombre à un philosophe de la taille de Karl Jaspers (1883-1969), qui, en Allemagne, se trouve dans le même questionnement.

La contribution de Heidegger

Par rapport à l'élaboration des philosophies de l'existence de l'après-guerre, Heidegger[1] occupe une place à la fois marginale et centrale. Marginale, parce que son but n'est pas de penser l'existence, mais de réfléchir sur les fondations de la réalité, c'est-à-dire de rétablir l'ontologie*, ou philosophie de l'Être. Centrale, parce que dans son ouvrage *Être et Temps*, paru en 1927 et destiné à poser les principes de son ontologie, Heidegger attribue

---

1. Certains classent Heidegger parmi les philosophes de l'existence.

à l'individu le statut de l'*ek-sistant*, c'est-à-dire de l'être qui est toujours « hors » de sa situation présente.

Heidegger part du constat que l'homme n'est que par le fait qu'il est un individu né dans le monde pour mourir et qui, entre le moment de sa naissance et le moment de sa mort, ne cesse de changer de situation – de s'échapper à lui-même. Étant cela, l'homme est la seule réalité au monde à se poser la question de son être dans le monde, à faire retour sur lui-même, à être un *Soi*. Ce retour lui-même ne lui fournit aucun savoir, mais seulement la conscience de ne pouvoir coïncider avec lui-même, d'être toujours décalé par rapport aux situations qu'il vit, incertain de continuer d'être l'instant qui suit l'instant présent, toujours en sursis par rapport à la mort. Exister – *ek-sistere* –, c'est, en somme, être un Soi qui ne peut jamais être vraiment soi-même.

Heidegger appelle *être-là* – *Dasein* – ce Soi qui n'est que par la conscience de son propre néant et d'une temporalité qui le mène au néant final de la mort. Parce que chacun d'entre nous est un existant inquiet par impuissance à faire un avec lui-même, Heidegger qualifie d'être-là, c'est-à-dire de sujet au sens plein, l'individu qui se questionne philosophiquement sur son être dans le monde. Et il qualifie ce questionnement de *souci de l'Être.* Par la distinction opérée entre l'homme du commun – l'individu *inauthentique* – et l'homme qui pense sa condition – l'individu *authentique* –, la pensée de Heidegger quitte la réflexion sur l'existence pour devenir ontologie.

En somme, le sens de l'être temporel consiste à s'ouvrir sur un au-delà du temps et du monde[1].

Le sens des existentialismes

Par-delà leurs différences, les philosophes existentialistes refusent tous autant l'abstraction, le déterminisme* et la rationalité de l'existence. L'abstraction, comme son nom l'indique, extrait l'homme du monde de la vie pour l'étudier comme une réalité générale et intemporelle. Le déterminisme, ainsi que son nom l'indique également, pose que l'homme est déterminé par une série de facteurs qui l'empêchent d'être libre. Les philosophes de l'existence pensent donc l'homme concret, en permanence *en situation* et n'acceptant d'autres limites que celles que lui fixe sa *condition humaine* : *la nécessité d'être dans le monde, d'y être au travail, d'y être au milieu des autres et d'y être mortel* (Sartre). Ces limites se traduisent dans les situations, toujours particulières, que vivent les individus. *L'homme est homme à travers des situations dont la singularité est précisément un fait universel* (Beauvoir).

Contre la théorie hégélienne, qui pose que l'histoire de l'humanité obéit à des lois et suit une direction

---

1. Ce basculement rapide dans la philosophie de l'Être sépare, à mes yeux, Heidegger des penseurs de l'existence. Ceux-ci refusent tous d'adosser l'existence à une entité de cet autre ordre. Le Dieu de Kierkegaard est une Personne, une Existence, et non une transcendance impersonnelle. L'englobant de Jaspers indique l'ouverture des existants sur autre chose qu'eux-mêmes, et non une entité fondatrice. J'arrête donc ici ma présentation de Heidegger.

déterminée, les existentialistes affirment que l'histoire humaine, relevant de choix situationnels, est imprévisible. Contre la thèse de Marx* (1818-1883), qui pose que les hommes font leur histoire sans savoir qu'ils la font, les existentialistes affirment que les individus construisent leur existence et sont personnellement responsables de l'histoire de l'humanité. Contre la théorie psychanalytique, qui pose le déterminisme par l'inconscient, les existentialistes font comme si l'inconscient n'existait pas. À une époque où les sciences de la vie approfondissent le programme génétique, les existentialistes distinguent résolument l'existence du processus biologique. À une époque où les sciences sociales mettent en avant l'impact des conditionnements sociaux, les existentialistes présentent le contexte social comme le matériau sur lequel l'individu exerce sa liberté.

C'est dans cette franche opposition à l'abstraction et au déterminisme que s'inscrit la présentation de l'homme comme le seul être au monde chez qui *l'existence précède l'essence*. L'existence jaillit sans raison et dépourvue de toute raison. La raison ne peut comprendre l'existence, car aucune cause ne peut expliquer l'apparition de cette puissance de choix qu'est l'homme dans un univers dépourvu de conscience. Chaque individu existant est un nouveau commencement : il n'est pas la reproduction d'un moule appelé l'homme, il ne répond pas à une définition préétablie, il est une existence unique et absolument singulière. Nouveau commencement, chaque individu a à construire lui-même sa vie : son essence découlera des choix qu'il aura faits et elle sera inséparable du sens que, par ses choix, il aura donné à son existence. Le rôle de la philosophie est d'éclairer les individus sur la complexité de leur existence et sur la façon de vivre libres en tenant compte de cette complexité et en assumant courageusement la difficulté d'être homme.[1]

L'éclipse de l'existentialisme

Sartre et Jaspers, les deux piliers de la philosophie existentielle, défendent jusqu'à leur mort la difficile liberté de l'individu qui, regardant sa condition d'homme en face, s'engage dans un vivre libre soucieux des autres. Mais le cours de l'histoire des idées éloigne assez vite les esprits des questions existentielles. L'existentialisme sartrien revient en mai 68 comme le symbole d'une liberté qui ne veut « ni Dieu ni maître ». Sartre soutient lui-même la « révolution », s'opposant tant aux ennemis de celle-ci qu'à ceux qui n'y voient qu'un mouvement d'humeur[2]. Mais ce retour est à la fois discret et de courte durée. Les étudiants révoltés se sentent plus proches du philosophe anarchiste Marcuse*, qui mène une critique radicale de la culture de la société qu'ils veulent renverser.

L'intérêt de l'intelligentsia française se tourne vers l'ethnologue Lévi-Strauss, qui, à partir de 1949,

---

1. Les citations de Sartre sont extraites de *L'existentialisme est un humanisme* et celles de Beauvoir de *Pour une morale de l'ambiguïté.*
2. Cf. Vincent Cespedes, *Mai 68, la philosophie est dans la rue !*

développe le structuralisme*, méthode située aux antipodes de la démarche existentielle. Le structuralisme pose que toute société humaine est, comme toute langue, un système de signes et de relations qui obéit à un certain nombre de structures inconscientes. À partir de là, l'ethnologue devient anthropologue*, recherchant les règles humaines fondamentales qui organisent souterrainement des sociétés aussi différentes que les tribus amérindiennes et nos sociétés dites développées. Parmi ces invariants structurels, il y a, par exemple, la réglementation des alliances. Tournant le dos à l'individu, le structuralisme invite le penseur à s'intéresser à l'organisation et au fonctionnement des sociétés.

Parallèlement, des philosophes juifs allemands immigrés aux États-Unis et réunis sous le chapiteau de l'école de Francfort s'attèlent à comprendre comment la production rationnelle de la mort massive des hommes a pu avoir lieu. Max Horkheimer (1895-1973) et Theodor Adorno (1903-1969) entreprennent la critique de la raison occidentale, dont la caractéristique est de poser des buts et de rechercher les moyens de les atteindre. À leurs yeux, ce type de rationalité porte en elle les germes de sa propre dégénérescence. Dès que la raison quitte la sphère des idées, elle peut tout organiser efficacement, donc tout instrumentaliser, y compris l'homme[1]. Herbert Marcuse (1898-1979) détecte, derrière la démocratie libérale, l'ascension souter-

____

1. *La Dialectique de la raison.*

raine d'un totalitarisme indolore qui réduit l'homme à une seule dimension[1]. Hannah Arendt (1906-1975) cherche à comprendre le système totalitaire afin d'éviter la reproduction de ce mal radical[2].

L'oubli provisoire d'un courant philosophique ne porte nullement atteinte à sa force. Ainsi en est-il des philosophes de l'existence. Leur message est, aujourd'hui, d'une brûlante actualité. La découverte de la complexité du réel nous a révélé les limites du structuralisme et la nécessité d'une pensée systémique*. La prise de conscience des risques écologiques contenus dans nos progrès technologiques interpelle chacun d'entre nous dans ce volet indissociable de la liberté qu'est la responsabilité. Enfin, les atteintes portées à notre liberté par les pressions croissantes d'un progrès et d'une mondialisation non maîtrisés nous incitent à revenir d'urgence aux penseurs de la liberté assumée et de l'engagement pour une humanité meilleure.

Ne pas confondre liberté et libre accès à toutes choses

Nous vivons dans une société libérale et permissive. Le marché nous offre un hyper choix de produits et de services. Les tabous qui paralysaient les générations d'il y a à peine quarante ans sont levés. La liberté de la presse et celle d'Internet autorisent l'expression de toutes les opinions. Nous sommes plus libres que jamais d'aller et de venir, les moyens

---

1. *L'Homme unidimensionnel.*
2. *Les Origines du totalitarisme.*

de transport et le tourisme incitent au voyage. Vivons-nous libres pour autant ?

Opter pour des choses, avoir l'embarras du choix face aux innombrables marchandises proposées, est-ce vraiment décider ? Changer de partenaire au gré de nos désirs fugitifs, passer d'un mariage à un autre, est-ce vraiment choisir ? Dire, voir, montrer, écrire et lire n'importe quoi, est-ce vraiment penser librement ? Pouvoir nous déplacer rapidement d'un lieu à un autre, suivre l'itinéraire d'un tour organisé, est-ce vraiment découvrir librement ?

Et si nous étions en train de confondre le libre accès à toutes choses avec la capacité de donner sens à notre existence ?

Chapitre 2

Rencontrer le jaillissement de sa liberté avec Kierkegaard, Jaspers et Sartre

Tous les philosophes de l'existence pensent à partir de leur expérience personnelle. Cette expérience est, chez la plupart d'entre eux, marquée par une difficulté initiale qui les contraint à choisir le chemin de la pensée et de l'action lucides contre celui de la passivité. Cette difficulté s'exprime par une sorte de choc. Le penseur rencontre soudain le cœur mystérieux de l'existence à travers des circonstances et des sentiments qui lui sont radicalement personnels. Soudain, la relation au monde, aux autres et à soi cesse d'être évidente. Face à l'opacité du réel, le penseur pressent que c'est à lui seul de se frayer un chemin, de construire le sens qui lui permettra de vivre. L'opacité du réel révèle que le choc de l'existence consiste dans la rencontre avec sa propre liberté.

Cette liberté est d'abord pure potentialité : rien n'est prédéterminé, tout est possible, y compris vivre comme un automate, se conformant aux habitudes existantes et réalisant mécaniquement les gestes quotidiens. La décision de transformer cette potentialité en terrain d'action réunit tous les penseurs de l'existence : parce que rien n'est déterminé, il revient à chacun de faire le choix d'une existence qui se choisit elle-même.

Nous allons suivre Kierkegaard, Jaspers et Sartre dans leur réveil à l'existence. Ce réveil est accompagné de leur choix de penser lucidement l'existence et de s'engager en faveur d'une liberté ouverte aux autres.

Sören Kierkegaard

La rupture avec la bien-aimée

Le jeune Kierkegaard souffre de *mélancolie*. Il est plongé dans cette détresse diffuse où l'individu se trouve pris *entre la puissance des ténèbres et l'inertie de son propre cœur*. Habité par cette tristesse singulière, Kierkegaard rencontre Régine Olsen, dont il tombe éperdument amoureux. La réciprocité de cet amour procure une joie intense, scintillante de moments délicieux. Les amoureux décident de se marier. Cette perspective pleinement heureuse plonge Kierkegaard dans un nouveau type de détresse. Le voici désemparé. Il ne se sent pas à la hauteur de l'amour que mérite Régine et en même temps doute de sa propre capacité d'inscrire son attachement dans la durée. Il hésite entre un amour qui remplit agréablement son présent et le pressentiment d'un autre amour qui le comblerait pour l'éternité. Pour mettre fin à une crise psychologique insoutenable, Kierkegaard prend la *décision* de rompre avec Régine[1].

Kierkegaard décide dans le gris, sans avoir une idée claire de ce qu'il veut vraiment. Pourtant, cette décision change de fond en comble sa vie. La rupture avec Régine lui ouvre le chemin de la foi[2]. Il rencontre Jésus. Il rencontre un Individu qui « est » le chemin, la vérité et la vie – qui exprime, par le sens qu'il donne librement à son existence, sa vérité. Cet Individu se révèle à Kierkegaard comme le fils de Dieu, et cette révélation coïncide avec un nouveau sentiment d'étrangeté. La raison est impuissante à comprendre l'incarnation de Dieu. Il est rationnellement impensable que l'éternel se soit incarné dans le temps. Jésus est le *paradoxe absolu*. La foi est rencontre avec l'*absurde*. Pourtant, c'est la décision de suivre cette absurdité qui libère Kierkegaard de la mélancolie. Kierkegaard choisit de consacrer sa vie à la recherche de la vérité chrétienne. Ce choix fait de lui un écrivain prodigieux.

Cependant, le long de sa courte vie et dans toute son œuvre, Kierkegaard revient sur l'expérience troublante de la rupture avec sa bien-aimée. Dans un premier temps, ce retour est une introspection. Pourquoi a-t-il rompu avec sa bien-aimée ? Parce que l'amour charnel, nécessairement fini, l'a éveillé

---

1. Dans presque tous ses ouvrages, la plupart du temps publiés sous des pseudonymes, Kierkegaard approfondit le thème de la décision existentielle et des sentiments qui lui sont associés.
2. Si Kierkegaard croyait déjà en Jésus-Christ, la rupture avec sa fiancée transforme cette croyance en rencontre absolument décisive.

à *l'infini*. Parce que le pressentiment de l'infini lui a révélé le caractère désespérément insatisfaisant des plaisirs des sens et des obligations du mariage. Une vie d'abord étourdie de réjouissances immédiates puis structurée par une relation inscrite dans la durée l'aurait empêché d'accéder au stade supérieur, celui de son accomplissement dans la foi.

La difficile rencontre avec sa propre liberté

Rétrospectivement, Kierkegaard revit l'angoisse qui a précédé l'instant de sa décision de quitter Régine. Reprenant cette angoisse par la pensée, il y découvre le sentiment qui accompagne inévitablement l'existence humaine. Pour la comprendre, il se sert du mythe du premier homme, Adam. Comme Adam, chacun d'entre nous est, à la naissance, à la fois un être différent de tous ses semblables et un représentant de l'humanité. Comme Adam, chacun d'entre nous vient au monde comme désarticulé, s'éprouvant comme un amalgame contradictoire de corps et d'âme, de sensations physiques et de sentiments. Comme Adam, chacun d'entre nous doit s'orienter seul dans un monde grouillant d'une multiplicité de possibles inconnus. Cette situation est angoissante. L'*angoisse* est le sentiment éprouvé face à la potentialité de liberté constitutive de sa propre existence et à la nécessité d'exercer cette liberté en choisissant sans savoir si le choix effectué est le bon.

Pour échapper à l'angoisse, l'individu fait le saut, c'est-à-dire choisit un possible en laissant les autres. Le fait même de choisir produit en lui une transformation. Pour choisir, le voici obligé de relier son « corps » et son « âme », de se vivre comme un « esprit », comme une unité qui transcende* les situations particulières par sa capacité de tracer son chemin à lui. Le choix unifie l'homme, le choix fait de cet homme-là un *individu*, une réalité qui produit sa vérité en construisant son existence et qui accomplit sa liberté en assumant ses choix. Le choix prouve qu'il y a de l'infini dans l'être fini que nous sommes, que jamais personne n'est réductible à son présent ou à son passé puisqu'il a toujours la possibilité d'initier autre chose, de sortir de son embarras immédiat par une décision.

Nous n'échappons toutefois pas à l'angoisse. Si le choix nous unifie, notre conscience demeure irrémédiablement inquiète. Souvent, nous ne sommes pas sûrs d'avoir fait le bon choix. Et, lorsque nous avons la certitude d'avoir bien choisi, nous ne sommes pas sûrs de pouvoir rester dans la voie choisie. L'angoisse après le choix est la marque de la nécessité de choisir encore, c'est-à-dire de replonger dans l'incertain. Mais cette nouvelle angoisse est le signe de notre liberté déjà exercée et donc de notre capacité de renaître sans cesse à nous-mêmes. Pour le chrétien Kierkegaard, cette renaissance est rencontre du Dieu vivant, instant qui croise l'éternité. Pour ceux qui ne partagent pas la foi de Kierkegaard, cette renaissance est rencontre avec ce qui nous fait exister : notre capacité de donner à notre existence le sens qui nous met en accord avec nous-mêmes.[1]

____

1. Les ouvrages utilisés sont *Journal*, *Les Miettes philosophiques* et *Le Concept de l'angoisse*.

Choisir en faisant confiance à son intuition

Quand il décide de rompre avec sa fiancée, Kierkegaard est mû par un élan dont il ne peut décoder le sens. Il coupe court au vertige de ses hésitations en tranchant dans une espèce de brouillard. La signification de sa décision se révèle dans l'après-coup. Rétrospectivement, Kierkegaard comprend que cette décision a été déterminante, car elle l'a mis sur le chemin de sa vérité, c'est-à-dire sur le chemin de sa vie.

Formatés par une culture rationaliste, nous pensons que la clairvoyance de la raison est le critère infaillible d'une bonne décision. Comme, dans le domaine complexe des sentiments et des relations interindividuelles, la vision de notre raison est faible, il nous arrive de décupler les analyses et les pesées. Cette démarche alimente l'irrésolution. Celle-ci tantôt nous empêche de décider, tantôt retarde une décision que nous prenons malgré tout par intuition.*

L'expérience de Kierkegaard nous apprend que, pour ce qui concerne le vif de notre vie, nous devons oser trancher à vif. Elle nous apprend aussi que souvent notre subconscient sait mieux que notre raison ce qui est bon pour nous. Elle nous apprend enfin que nous pouvons tirer rétrospectivement parti d'un choix fait dans l'incertitude la plus tourmentée.

Toute décision que nous prenons dans l'espoir de rester en accord avec nous-mêmes nous introduit dans le cours imprévisible d'une vie que, tôt ou tard, nous reconnaîtrons comme pleinement nôtre.

Karl Jaspers

La maladie mortelle

Karl Jaspers souffre d'un mal que les médecins n'arrivent pas à cerner. Enfant et adolescent, il vit comme un vieux, contraint à se ménager sans cesse. C'est par hasard que, un jour, à dix-huit ans, en rendant visite à un ami médecin, il apprend ce qui lui arrive. Il est atteint d'une insuffisance cardiaque et bronchique incurable qui le condamne à mourir avant l'âge de trente ans. Cette nouvelle bouleverse son existence. Il souffrait au quotidien de la limitation de ses mouvements, le voici à présent confronté à la limite irrévocable d'une mort précoce. Le bouleversement ne suscite pas la dépression, au contraire, il réveille en lui un puissant désir de vivre. À partir de ce jour, Jaspers décide de se soumettre à une discipline sévère. Il s'y astreindra toute sa vie. Il relèvera le défi : *Apprendre à être un homme en bonne santé quand on est malade.* Jaspers vivra vieux et reprendra à son compte le proverbe chinois : *Il faut être malade pour vivre vieux.*

Sa maladie transforme sa vie en combat existentiel. L'enjeu de la survie en cache un autre, plus important. Il s'agit pour Jaspers d'éviter conjointement deux écueils : celui de s'identifier à sa maladie en se coupant du monde, et celui de tenter de vivre comme si de rien n'était. Plus radicalement, il s'agit de conquérir sa liberté en travaillant constamment avec sa propre limite : reconnaître la maladie, et pourtant vivre au-delà d'elle. Ce combat, le portant à vivre en permanence au vif de son propre sujet, le met au contact de la complexité psychique d'un être conscient de son corps mais s'éprouvant comme un tout. Ce combat personnel amène Jaspers à s'intéresser à la conscience de l'individu malade et à s'engager dans des études de médecine. Il devient psychiatre. Son expérience personnelle et professionnelle le conduit à proposer, contre la psychologie explicative, une *psychologie compréhensive*. La maladie n'est pas un objet, un effet consécutif à une série de causes. La maladie coïncide avec l'individu malade et ne peut se comprendre qu'à partir d'une dynamique absolument singulière. Tel est le cœur de son premier ouvrage, intitulé *Psychopathologie générale*.

Menant une existence aux frontières de son propre néant, Jaspers ne peut qu'être attiré par la philosophie. *Le meilleur médecin est aussi philosophe*, disait Gallien. La philosophie l'emporte. Jaspers désire devenir professeur de philosophie à l'Université. Par un heureux concours de circonstances et contre toute attente raisonnable, il le devient. Il consacre dès lors toute sa vie à la méditation sur la condition humaine, marquée du double sceau de la finitude et de l'infinité. Mortel et faillible, l'homme a pourtant la possibilité de transcender ses faiblesses en construisant son existence à partir de ce qui est essentiel à ses yeux. L'essentiel, pour Jaspers, inclut le combat politique, qui est engagement contre la tyrannie.

La difficile traversée des situations-limites

De l'expérience des limites à travers la maladie naît le concept à la fois original et efficace de *situation-limite*. La situation désigne le contexte concret, géographique et historique dans lequel se trouve l'individu. Vivre, c'est passer d'une situation à une autre. Parmi les situations, il en est qui sont données par la vie elle-même. Nous faisons tous, chacun à sa manière, l'expérience de l'échec, de la souffrance, de la culpabilité et de la mort. Ces réalités sont *comme un mur auquel nous nous heurtons et contre lequel nous échouons*. Elles sont *opaques* à notre regard, nos yeux de chair ne voient rien derrière elles. Elles sont imperméables à notre raison, nos analyses scientifiques ne nous aident pas à mieux les vivre. Ces réalités sont *limites*, car, tout en marquant une frontière empiriquement indépassable, elles nous indiquent qu'il y a un franchissement possible, un dépassement d'un autre ordre.

La situation-limite génère l'*angoisse existentielle*. Celle-ci consiste à prendre conscience, dans le vertige et dans l'effroi, du fait que je peux être anéanti. Elle consiste aussi dans la prise de conscience de ma solitude fondamentale, du fait que, même lorsque l'autre me comprend, il ne peut souffrir, lutter, mourir à ma place. Cette angoisse ne saurait être abolie, car la vie comporte des passages étroits où je risque ma mort physique ou morale. L'angoisse peut seulement être surmontée, au sens littéral de ce mot. Il s'agit pour moi d'oser prendre la hauteur nécessaire pour affronter à la fois le néant et le mystère dont mon angoisse me signale la présence. Prendre de la hauteur, c'est accepter ce qui est tout en refusant d'en devenir l'esclave.

Ce refus d'asservissement est un acte de courage. Il me faut renoncer à toute recherche d'explication rationnelle : remonter la chaîne des causes ne sert à rien pour alléger un fardeau. Il me faut aussi renoncer à toute recherche de compensations : recevoir une indemnité financière m'éloigne de mes propres sources vives. Il me faut enfin renoncer à toute recherche de consolation : recevoir l'absolution d'un prêtre me dispense de vivre ma responsabilité dans sa radicalité. C'est au prix de ce triple renoncement que je peux sentir la capacité qui est en moi de transmuer ce qui m'écrase en voie libératrice.[1]

S'approprier la difficulté pour la vaincre

L'attitude de Jaspers envers sa maladie est riche d'enseignements. Elle nous renseigne tout d'abord sur le caractère non scientifique des pronostics médicaux. La médecine n'est pas une science, car les maladies sont toujours incarnées par un exemplaire unique de l'espèce humaine. Elle nous informe ensuite sur le lien irréductiblement intime qui unit le patient à sa maladie. C'est en ce lien que se trouve la clé de l'aventure. Dans le cas de Jaspers, la décision de vivre a eu raison de l'allure dégénérative de son mal.

---

1. Les ouvrages utilisés sont *Autobiographie philosophique*, *Introduction à la philosophie* et *Philosophie*.

La décision de vivre avec sa maladie sans renoncer un seul instant ni à la vie ni au monde, qui a mené Jaspers jusqu'à l'âge de quatre-vingt-six ans, ne réussit pas forcément. Elle peut s'avérer impuissante face à l'impatience de la mort. Ce qui compte, qu'il s'agisse de maladie, d'échec ou de deuil, c'est la manière de vivre la situation-limite.

Jaspers nous invite à réaliser une étrange exploration. Utiliser notre conscience pour ce qu'elle est : notre boussole, notre lampe de poche, notre gourde pour traverser les forêts touffues, les ténèbres de la nuit, les déserts immenses. Commencer grâce à elle le voyage et garder notre émerveillement jusqu'au bout : quand nous abordons la vie de manière vivante, elle nous libère de la mort sans nous donner l'immortalité.

Jaspers nous propose de tenter une « foi » insolite. Il ne s'agit pas de la foi en Dieu, ni de la foi en l'homme. Il s'agit de la force qui vient de « l'agir intérieur ». À partir du moment où un individu exerce sa pensée pour éclairer ce qui lui arrive, ce qui lui arrive finit par l'éclairer.

Jean-Paul Sartre

Huis clos et nausée

Un jour, le grand-père de Jean-Paul Sartre, las de voir son petit-fils de sept ans coiffé comme une fille, choisit de le conduire chez le coiffeur. Il voulait, dit-il, faire une surprise à la mère de Sartre, qui aurait préféré avoir une fille. Le retour à la maison est terrible. Voyant son fils tondu, la mère pousse des cris et s'enferme dans sa chambre pour pleurer. Sartre découvre, effrayé, l'évidence de sa propre laideur. Le grand-père lui-même est stupéfait : *on lui avait confié sa petite merveille, il avait rendu un crapaud*. Sans doute, l'expérience décrite dans *Huis clos** renvoie, entre autres, à ce souvenir d'enfance. Le personnage central, Garcin, se rend progressivement compte que *l'enfer, c'est les autres*. Il ne peut pas échapper au regard des autres, qui le jugent. Pour Sartre, le premier contact avec les autres est cauchemardesque. Car la réaction spontanée de l'autre est de nous transformer en objet, de nous *chosifier*.

Jeune professeur de philosophie dans un lycée du Havre, Sartre est un jour saisi d'un étrange vertige. Soudain, ce qui lui paraissait ordonné, dans son esprit et dans la réalité, devient chaotique. Les choses qui l'entourent deviennent une masse informe, qui l'envahit. Sartre reprend cette expérience dans son roman *La Nausée*. Son héros, Antoine Roquentin, vit à Bouville, absorbé dans la rédaction de son livre, jusqu'au jour où, entre les grands arbres noueux du jardin public et la terre sous ses pieds, il ne trouve plus les mots pour désigner les choses qui l'entourent. Ainsi privé du mode d'emploi de la réalité, il se trouve au milieu de *masses monstrueuses et molles, en désordre – nues, d'une effrayante et obscène nudité*. Le sentiment que tout est là, sans raison, *absurde*, lui donne la nausée.

Le sentiment de sa laideur livrée en pâture à la cruauté d'autrui arrache Sartre à l'insouciance de l'enfance. Cet arrachement a lieu sans drame, car Sartre a une arme invincible contre toutes les attaques : il a *les mots*, il a la lecture et l'écriture, qui lui offrent la chance d'une description fine des situations et lui permettent, du coup, de les transcender par la réflexion. Du fond de sa nausée, Roquentin/Sartre a comme une illumination : la nausée lui révèle l'existence à l'état brut. L'existence est un plein qui déborde toutes les catégories de la raison et que l'homme ne peut quitter qu'en mourant. Les arbres, le banc, lui, les autres sont là, sans cause ni but – ils sont là, *pour rien* et *de trop*.

La difficile prise en charge du vertige d'exister

L'important, pour Sartre, est de prendre l'expérience de la nausée au sérieux. Roquentin aurait pu faire comme si rien ne s'était passé, se replonger dans la rédaction de son livre d'histoire, revenir à son train-train quotidien. Mais Roquentin fait le choix de pas oublier la révélation qu'il a eue par la nausée. Grâce à elle, il se rend compte que, auparavant, il fuyait sans le savoir la confrontation avec la réalité et qu'il se fuyait lui-même. Aussi décide-t-il de dire ses sentiments au lieu de les taire, de quitter Bouville et de mener une vie qui assume le caractère irrationnel de l'existence. Toute l'œuvre de Sartre est consacrée à l'approfondissement de cette *expérience existentielle*.

Cet approfondissement part d'une analyse de la conscience, point d'ancrage de l'homme. Ce point d'ancrage s'avère aussitôt étrange, puisque la conscience n'est rien sans l'objet dont elle a conscience. *Je* suis conscient *de* cet arbre, *de* cette parole qui m'est adressée, *de* cette peur que *j'*éprouve. Ma conscience n'a pas de contenu propre, elle est un rien qui est en se reliant à ce qui lui est extérieur. Je suis moi-même un existant bien curieux, puisque je ne coïncide jamais ni avec mon présent ni avec moi-même. Contrairement aux choses inanimées, qui sont là, dans la plénitude de leur présent, je suis sans cesse *projeté* hors du présent, vers un futur qui n'est pas encore, ouvert à une multiplicité de possibles que j'ignore. Contrairement aux choses, dont les contours sont définis, je suis une réalité indéterminée, ouverte à une multitude de possibles, une liberté contrainte de construire son propre sens.

Si je fais un peu attention, je m'éprouve fondamentalement comme un manque. *La réalité humaine est ce par quoi le manque apparaît dans le monde.* La preuve en est l'expérience, exclusivement humaine, du *désir*. En quête d'une impossible plénitude, je suis confronté au tourment que le désir introduit au cœur de mon existence. Ce tourment est aussi celui de ma pensée. Car, dès que je réfléchis sur mon être, je me découvre *jeté dans le monde* sans raison. Je sens et constate la totale *contingence* de mon existence : il n'y a aucune raison, en effet, pour que je sois né ici plutôt qu'ailleurs, au XXe siècle plutôt qu'au Moyen Âge ; je n'ai aucune assurance d'être vivant tout à l'heure ou de réussir ce que j'entreprends. Quel que soit le bout par lequel je prenne la question de mon *être-dans-le-monde*, je constate que j'aurais pu ne pas exister et que ma vie peut cesser à tout moment. Ce constat me remplit d'angoisse. À ce constat s'ajoute la pénibilité d'être avec les autres. Impuissant à percer le mur de leur visage, j'ignore ce qu'ils pensent de moi et quelles sont leurs intentions à mon endroit. Et je n'ai aucun moyen de sortir de cette ignorance puisque, en dehors de cette réalité contingente et incertaine, il n'y a rien. Il n'y a pas de Dieu, pas de signe surnaturel, rien. Face à cette absurdité, me voici contraint à prendre mon angoisse à bras-le-corps, à me construire en faisant des choix qui respectent les autres.[1]

Prendre appui sur ses propres malaises

La nausée que décrit Sartre est proche de notre peur du noir lorsque nous étions enfants. En gommant le contour des choses, le noir nous plonge dans un monde inconnu. Et ce monde qui échappe à notre maîtrise nous renvoie brutalement à la fragilité de notre vie, prête à se trouver engloutie dans les ténèbres de la mort.

La nausée de Sartre est proche aussi du sentiment qui nous vient parfois que notre existence n'a pas de sens, que ce que nous faisons est vain, que nous sommes de trop dans un monde indifférent. Quand notre besoin de nous sentir utiles n'est pas satisfait, nous nous sentons désemparés.

L'insistance avec laquelle Sartre décrit les effets du regard des autres sur nous est à peine exagérée. Il

---

1. Les ouvrages utilisés sont *Les Mots*, *Huis clos*, *La Nausée*, *L'Être et le Néant*.

nous suffit de nous rappeler l'importance que prend, à nos yeux, au travail comme ailleurs, le regard des autres. Il nous suffit de compter les choses que nous accomplissons parce que nous sommes vus – ou que nous nous croyons jugés – par les autres. Nous pouvons ajouter le temps que nous passons à soigner nos apparences, exprimant de la sorte notre conviction que c'est sur elles que nous sommes jugés.

Sartre nous apprend à repérer nos expériences existentielles, et aussi à y voir des moyens pour vivre autrement notre existence. Au lieu de nous laisser submerger par nos vertiges, ou de nous en extraire aussitôt en nous distrayant, nous avons à y voir la conscience naissante de notre possibilité de construire une vie et des relations de liberté.

Chapitre 3

Penser l'ambiguïté de l'existence avec Camus, Merleau-Ponty et Beauvoir

Tous les philosophes de l'existence soulignent le caractère paradoxal de la condition humaine et, par voie de conséquence, le caractère ambivalent de toutes les situations. Kierkegaard, Jaspers et Sartre expriment, chacun à sa manière, le mélange de fini et d'infini qui caractérise la réalité concrète de l'homme. À travers leurs expériences existentielles, Kierkegaard, Jaspers et Sartre rencontrent la coexistence de possibilités contradictoires dans une même situation et inscrivent la difficulté de choisir dans cette ambiguïté même. Si toutefois nous regroupons sous le chapeau de l'ambiguïté ces trois autres penseurs de l'existence que sont Camus, Merleau-Ponty et Beauvoir, c'est parce que leur réflexion n'a pas jailli d'un choc personnel, mais d'une conscience spontanément aiguë de la complexité humaine.

Le propre d'une réalité complexe est l'interdépendance irréductible d'éléments extrêmement divers et la présence en elle de forces antagonistes. Interdépendance et cohabitation des contraires sont des générateurs permanents d'incertitude. L'incertitude est l'indétermination de l'avenir. Dans l'impossibilité de prévoir les interactions, les interférences et les effets des tensions, les hommes se trouvent face à une page blanche. Certes, il est toujours possible d'entrevoir des tendances. Mais entrevoir n'est ni voir ni prévoir. L'homme est donc voué à naviguer dans l'ambiguïté et l'incertain.

Nous allons suivre Camus, Merleau-Ponty et Beauvoir dans leur approfondissement de l'ambiguïté de l'existence. Cet approfondissement coïncide avec le choix de penser lucidement l'existence et de s'engager en faveur d'une liberté ouverte aux autres.

Albert Camus

L'envers et l'endroit

À vingt-deux ans, Camus voyage. De la ville sombre de Prague, il s'oriente vers les régions ensoleillées de sa Méditerranée bien-aimée. Dépaysant, le voyage brise *le décor intérieur*, composé par les habitudes quotidiennes. Arrachant le jeune Camus à tous ses appuis familiers, il le met dans l'impossibilité de tricher, de se réfugier dans *les heures de bureau sans lesquelles les hommes ne savent pas quoi devenir*. Ramené au cœur de lui-même, Camus ressent profondément le *miracle* de la vie. Sous le soleil de Palma, sa vie se poursuit alors même qu'à tout instant elle peut cesser d'être. En contraste avec la persistance des choses, sa vie devient soudain présente tout entière, se donnant comme *un bloc à rejeter ou à recevoir*. Camus éprouve intensément et contradictoirement son amour de vivre.

À quarante-cinq ans, Camus reconnaît que toute son œuvre n'est qu'un long cheminement pour retrouver ces images simples et grandes sur lesquelles pour la première fois son cœur s'est ouvert. À ses yeux, les récits réunis sous le titre *L'Envers et l'Endroit* contiennent le noyau de sa pensée sur l'existence. L'existence, absolument dense et irrévocablement mortelle, surgit comme un éclat lumineux dans l'indifférence du monde. Pour échapper à cette flamme brûlante, les hommes, dont Camus lui-même, se laissent prendre par la *fascination de l'habitude*. L'habitude est répétition mécanique qui, conférant un semblant d'éternité aux choses, donne aux hommes l'illusion de pouvoir durer indéfiniment. Jusqu'au moment où l'évitement n'est plus possible.

Apparaît alors l'existence, avec son envers et son endroit. Cette révélation procure un sentiment ambigu : l'amour de la vie est, conjointement, tristesse de la perdre ; l'expérience du vivre est, conjointement, expérience de *l'hostilité primitive du monde,* lequel est prêt à anéantir la vie à tout instant. L'ambiguïté suscite le *sentiment de l'absurde.* Celui-ci peut conduire à rejeter la vie en bloc : c'est le cas du désespoir qui porte l'individu au suicide. Camus choisit une autre voie, celle du désespoir qui reçoit la vie en bloc : cette vie sans espoir d'immortalité, embarquée dans un *univers indéchiffrable et limité*, est absolument aimable. C'est ainsi qu'il faut entendre la parole de Camus : *Il n'y a pas d'amour de vivre sans désespoir de vivre.*[1]

Le courage de l'absurde

L'éveil commence avec le *sentiment de l'absurde* et la *révolte*, mais il ne s'y arrête pas. Toute la démarche de Camus consiste à passer, et à nous faire passer, du sentiment de l'absurde à la *conscience de l'absurde*. Ce passage coïncide avec le choix de *porter une chose aussi difficile et aussi paradoxale* que notre condition d'homme. La conscience comprend que ce qui est absurde, ce n'est pas le monde, ni la vie, mais sa propre confrontation avec ce qu'elle ne saurait comprendre. Ce qui est absurde, c'est la confrontation de l'homme conscient avec l'étrangeté irrationnelle du monde. Cette rencontre génère la *révolte dans la chair*. L'homme tout entier est sommé de vivre la tension jusqu'au bout. Il ne s'agit pas d'inventer un sens pour se consoler de l'absurde, ni de fuir dans le divertissement qu'offre le travail, ni de sombrer dans le renoncement, le mépris ou nihilisme*. Il s'agit de maintenir ensemble la révolte et l'amour de la vie : *il s'agit de mourir irréconcilié et non pas de plein gré.*

____

1. Les ouvrages utilisés sont *L'Envers et l'Endroit*, *Le Mythe de Sisyphe*, *L'Homme révolté*.

L'homme absurde est celui qui fait vivre l'absurde. À partir d'une exigence de transparence qu'il sait impossible, il ne cesse de remettre le monde en question. Il refuse de vivre pour l'avenir, pour ce demain dont rien ne garantit l'avènement. Il choisit de vivre sa vie comme une succession de présents qui prennent sens par le regard qu'il leur porte. Il choisit la lenteur contre la précipitation qui l'écarte de lui-même, l'empêchant de devenir qui il est fondamentalement. Il choisit de vivre heureux dans la situation qui est la sienne, non pas par résignation stoïque, mais parce que la conscience est la force qui lui permet de trouver partout *sa mesure profonde*, son sens à lui, son bonheur malgré et à cause de tout.

Sisyphe devient la figure symbolique de l'homme qui accepte courageusement l'absurdité de sa condition. Les dieux condamnèrent Sisyphe à rouler sans cesse un rocher jusqu'au sommet d'une montagne d'où la pierre retombait aussitôt. Ainsi le vouèrent-ils au pire des châtiments, qui est de mener un labeur inutile et sans espoir. Malgré tout, Sisyphe persévère dans son mépris des dieux, sa haine de la mort et son amour de la vie. Et, sans se lasser, il regarde à chaque fois la pierre qui dévale, surplombant son destin* par la courageuse lucidité de sa conscience. Ainsi est-il toujours en mouvement. Ainsi éprouve-t-il la satisfaction de l'homme qui transforme la nécessité en destin personnel. Son bonheur est inséparable de sa conscience de l'absurde. C'est pourquoi *il faut imaginer Sisyphe heureux.*

Aimer la vie parce qu'elle n'est pas rationnelle

Le train-train quotidien, malgré ses pénibilités bien réelles, exerce sur nous une véritable séduction. La répétition nous arrache à la conscience du temps qui passe et nous détourne, de ce fait, de la conscience de vivre. Nous vivons dans les choses au lieu de nous sentir vivre. Nous vivons dans une sorte d'indifférence, quand même nous sommes agacés par ceci ou cela.

L'arrachement à la torpeur de l'habitude peut venir d'un voyage, d'un événement extérieur ou d'un sursaut de notre conscience. Comme chacun d'entre nous est unique, son contact avec la vie sera le sien et peut-être ne sera pas un sentiment d'étrangeté, de révolte ou d'absurde. Mais, quoi qu'il en soit, le réveil de la conscience est étroitement lié à la question du sens de la vie.

Camus nous rappelle que cette question nous renvoie, d'une manière ou d'une autre, au cœur de l'ambiguïté d'une vie qui se sait mortelle et qui cherche spontanément le bonheur. Ce rappel est lié à un précieux conseil. Une fois que la question du sens est venue déchirer le tricot de nos habitudes, nous ne devons plus la lâcher. Il nous faut l'approfondir pour y trouver notre raison personnelle de vivre.

Le message de Camus est qu'il faut aimer la vie et que l'amour de la vie prend source dans la supériorité que la conscience nous donne sur les choses. À partir du moment où nous nous approprions ce qui nous arrive, sans devenir maîtres de notre vie, nous en maîtrisons le sens. Et cela nous évite de succomber au malheur.

Maurice Merleau-Ponty

L'ambiguïté de l'expérience vécue

Merleau-Ponty cherche à revenir au *monde vécu*, au monde tel qu'il apparaît à la conscience naïve, non encore embrumée par les explications scientifiques et les interprétations philosophiques. Ce retour passe par la *perception*, car c'est elle qui nous livre le monde comme le milieu naturel et le champ de toutes nos pensées et de toutes nos actions. Et la perception nous renvoie directement au *corps*, qui est notre ancrage dans le réel, la source de notre expérience vécue. Saisi à travers la perception, qui est notre *lien natal* au monde, le corps n'est pas l'expression de nos émotions et de nos pensées, il *est* nos émotions et nos pensées. Car c'est notre corps qui souffre, se réjouit, observe et parle, c'est lui qui nous signifie. Il est notre *chair*, et cette chair est *l'autre côté de l'esprit*.

Le corps n'est pas un objet, ainsi que le disent les sciences. Le corps est sujet, il est moi, *je suis mon corps*. Le corps n'est pas une matière commandée par l'esprit, il est conscience, il est *mon point de vue sur le monde*. Je ne peux connaître le monde sans mon corps, et je n'ai pas d'autre moyen de connaître le corps humain que de le vivre. L'expérience vécue du monde coïncide avec l'expérience de mon corps. Cette expérience me révèle un mode d'existence ambigu. Mon corps est sexué, mon contact avec le monde ne saurait se déprendre de cette donnée première. Pourtant, je ne vis pas « la sexualité », mais un mouvement, quelque chose qui à la fois me sollicite et m'échappe. Mon corps voit, touche, marche. Pourtant, je ne vis pas la « vision », le « toucher », la « motricité », mais un lien confus qui me porte et que je reprends sans cesse. Toutes ces choses, que la science appelle « fonctions », sont mystérieusement impliquées dans le cours de ma vie singulière. Je suis une *énigme* pour moi-même, l'homme est une énigme.

Notre condition d'hommes est d'être *embarqués*[1]. Cette condition est ambiguë. Car *naître, c'est à la fois naître du monde et naître au monde.* Nous naissons « du » monde, car le monde est *toujours déjà là,* et que tout individu naît dans un contexte historique, social et familial particulier. Nous naissons « au » monde, car chacun d'entre nous est, dans ce monde, *un perpétuel commençant.* Je nais avec un sexe, mais je ne suis pas déterminé par lui. Ma liberté consiste à transformer la nature, et le lien entre ce que je crée et ce que je reçois est si inextricable que nature et culture se confondent en moi. Je ne peux remonter à l'origine, mais je peux reprendre ce que je trouve à partir de moi-même. Je me trouve encore face à mon énigme.

––––––––––

1. L'expression est de Pascal (1623-1662).

La fidélité à l'énigme

Le choix philosophique[1] que fait Merleau-Ponty est de laisser l'existence se manifester dans son ambiguïté. L'existence doit se penser comme elle se vit. Ce choix coïncide avec la conscience du fait qu'*il est définitivement impossible de résorber l'ombre dans la lumière*. Le vécu n'est jamais tout à fait compréhensible, et ce que je comprends ne rejoint jamais exactement ma vie. Je suis dans le monde, et pourtant le monde m'habite, car exister, c'est communiquer intérieurement avec le monde, le corps, les autres. Je perçois autrui comme un comportement, et pourtant je sens intimement qu'autrui échappe à tout ce que je perçois de lui, comme je m'échappe à moi-même.

J'existe en deçà de mes qualifications tout en existant inextricablement lié à une situation qui a un sens pour moi. Je tombe malade, je vieillis, ce sont là des faits. Pourtant, ma maladie et ma vieillesse m'apparaissent à travers ma comparaison aux autres ou à un passé que je sépare intellectuellement de mon expérience actuelle. La souffrance que je ressens n'est ni de maladie ni de vieillesse, elle est souffrance. Je souffre, certes, mais je ne coïncide pas avec ma vieillesse ou ma maladie. Par-delà la maladie et la vieillesse, je me saisis comme un *flux global*, un *projet global*, comme un élan qui pour-

---

1. Merleau-Ponty est classé parmi les disciples de Husserl, fondateur de la phénoménologie*. Mais sa description de l'homme en situation et libre de ses choix, reprise magistralement par Simone de Beauvoir, permet de voir en sa philosophie complexe une philosophie de l'existence.

suit son cours, comme une ouverture dont les possibles ne se referment qu'à la mort, mort qui se dérobe à ma conscience quand même ma raison tente de la penser.

Les situations, toujours particulières, sont à la fois ce qui est donné et ce que je transforme en m'insérant en elles avec *le sens* – l'élan, l'orientation – qui est le mien et en les ouvrant à une aventure qui est mienne. Que j'essaie de comprendre ma relation au temps, aux autres, à l'espace, je me trouve dans une texture ambiguë. L'implication inextricable du monde dans mon corps et de mon corps dans le monde s'accompagne de la distance de moi à moi et de moi au monde. Toutes mes expériences sont celles de cette ambiguïté qui fait que je suis simultanément dedans et dehors. Dans toutes mes expériences, je rencontre un *invisible*, qui est l'horizon de tout ce que je vis. Cet invisible est la charpente du visible, l'armature de mon vécu. Il est ce qui fait, sans que je puisse le percevoir, que mon corps est *chair*, que le monde est *chair* : moi et le monde, nous vibrons ensemble, d'une vibration invisible.[1]

Réapprendre à être notre corps

Notre époque pense avoir beaucoup évolué sur sa représentation du corps. Considéré comme le lieu méprisable des désirs charnels, le corps a longtemps souffert des mauvais traitements que lui

---

1. Les ouvrages utilisés sont *Phénoménologie de la perception, Signes, Le Visible et l'Invisible*.

infligeaient religions et morales traditionnelles. Aujourd'hui, nous prenons soin de notre corps en l'entraînant par le sport, en l'alimentant de manière équilibrée, en l'habillant de façon colorée jusqu'à son plus vieil âge et en l'exposant au regard des autres dans sa nudité soignée.

Si nous faisons attention, notre point de vue sur notre corps n'a pas changé comme nous le croyons. Prendre soin « du » corps, c'est rester dans le présupposé que le corps est un objet que notre conscience, instance qui surplombe le corps, peut traiter efficacement. Avoir peur du vieillissement, recourir à la chirurgie esthétique qui modifie notre apparence, c'est traiter comme un instrument ce qui, quel que soit le lissage subi, ne peut jamais exprimer que nous-mêmes.

Redécouvrir avec Merleau-Ponty que « je suis mon corps », que mon corps est ce par quoi je sens et pense le monde, ce par quoi les autres me rencontrent, c'est m'accepter dans mon unité paradoxale. C'est aussi ne pas vivre dans la hantise anticipée de mon éventuelle maladie douloureuse ou incurable. Le flux global qui me fait exister est mystérieusement plus fort que tout ce que mes craintes peuvent imaginer.

Merleau-Ponty nous encourage à retrouver le monde à partir de notre expérience spontanée et à vivre notre vie sans nous égarer dans des explications savantes ni nous laisser égarer par les modèles véhiculés par la société.

Simone de Beauvoir

Le deuxième sexe

Surmontant sa condition de *jeune fille rangée*, Beauvoir réussit les concours de l'État à une époque où très peu de femmes osent y prétendre. Femme, elle constate une donnée dont elle a elle-même fait l'expérience : toutes les cultures promeuvent la domination de l'homme sur la femme. Philosophe, elle refuse les explications faciles pour poser la question, de prime abord déroutante : *qu'est-ce qu'une femme ?* À ceux qui expliquent ce phénomène par le déterminisme biologique, Beauvoir répond que, si le corps humain est naturellement sexué, jamais un homme ou une femme ne se réduisent à leur sexe. À ceux qui expliquent ce phénomène par le déterminisme historique*, Beauvoir répond que, quel que soit son sexe, tout individu est libre de construire le sens de sa vie.

Ambiguïté est le nom pour dire que le sens de l'existence n'est jamais fixé d'avance mais doit sans cesse se conquérir. Les femmes pouvaient choisir une voie différente, se situer comme les égales des hommes ou dominer les hommes. Pourtant, elles se sont laissé opprimer… La question philosophique se transforme en question historique. *Comment cela a-t-il pu arriver ?* La réponse est à la fois embrouillée et claire. La réponse est embrouillée : les hommes se seraient affirmés comme sujets conscients en mettant la femme à la place de la chose passive et, pour échapper à l'angoisse de la liberté, les femmes auraient accepté cette place. La réponse est claire : aucune situation n'est définitive, il appartient aux femmes de se ressaisir de leur liberté.

Cette saisie passe par la réappropriation du corps au sens que lui attribue Merleau-Ponty. Le corps coïncide avec l'existence individuelle, et donc charnelle/consciente, par laquelle chacun d'entre nous vit le monde en participant à sa construction. La revendication féministe « notre corps nous appartient » exprime l'exigence même de la liberté : nous sommes un corps et non un sexe, une conscience et non une image. La réhabilitation revendiquée par les femmes rejoint la lutte contre l'oppression inhérente à la liberté : l'ambiguïté de l'existence donne à chacun le pouvoir de créer son sens. L'ambiguïté de l'existence fait que la sexualité n'est pas un destin, mais une libre construction. Je peux aussi choisir de vivre une autre vie que celle qui, naturellement et culturellement, est conférée au sexe avec lequel je suis né. L'homosexualité et l'hétérosexualité relèvent d'un choix.

La décision dans les ténèbres

La condition de l'homme est d'être toujours *en situation* – d'être embarqué dans un contexte particulier et d'avoir à se situer personnellement par rapport à ce contexte. La situation peut être collective, comme c'est le cas des opprimés, qu'ils soient esclaves de l'Antiquité, Juifs de la Seconde Guerre mondiale ou femmes d'hier et d'aujourd'hui. La question que soulève la situation de l'oppression est complexe car elle concerne autant la libération d'un groupe que le changement de posture des individus qui le composent. La philosophie de l'existence, en posant que l'homme est libre et en partant de l'individu concret, renvoie à l'individu la responsabilité de toute libération. Cette responsabilité est malaisée tant à entrevoir qu'à entreprendre. Car l'opprimé, en l'occurrence la femme, perçoit la situation comme « naturelle » et ne la vit pas forcément comme une oppression.

Beauvoir reprend la question à la racine. Cette racine révèle sa complexité au regard de la philosophe existentialiste : en l'absence de règles définissant a priori le bien et le mal, il revient à chaque homme de décider en fonction de sa perception de la situation et dans l'ignorance des conséquences de sa décision. *Chaque situation est singulière et l'on doit inventer dans le risque une solution inédite.* Chaque situation *doit être vécue dans sa vérité*, c'est-à-dire dans la conscience des contradictions qu'elle comporte et dans l'évolution imprévisible qui est la sienne. Celui qui décide de sauver une jeune fille du suicide fonde sa décision sur sa conviction que la vie vaut mieux que la mort. La portée de sa décision se révélera plus tard. Seul l'avenir montrera si cette femme refait sa vie ou si elle sévit, neurasthénique, dans un asile.

Dans ces ténèbres, *l'homme doit trouver sa voie dans la liberté même*. Il s'agit d'abord de ne pas fuir sa liberté mais de l'affronter. La femme – chaque femme – a à se rendre compte qu'elle est complice de l'homme dans le sort que celui-ci lui fait. En acceptant d'être destinée à plaire et à servir, elle érige son état en valeur et convertit sa situation en *destin* commun à toutes les femmes. Premier pas vers la libération, la prise de conscience devient la révolte, rejet en bloc de la situation et revendication agressive. Beauvoir, à qui l'on a tant reproché son féminisme partial, souligne cependant que la liberté de la femme s'accomplit avec l'élaboration d'une nouvelle relation entre la femme et l'homme. Le combat serait perdu s'il s'achevait par une domination des femmes sur les hommes.[1]

Éviter le piège d'une diversité illusoire

Notre société promeut la diversité, en mettant en avant l'importance de la présence des femmes là où se prennent les décisions, en politique, au travail. Et, de fait, les femmes occidentales s'émancipent de plus en plus de leur subordination aux hommes. La plupart d'entre elles recherchent leur autonomie financière. Beaucoup d'entre elles n'hésitent pas à rompre un mariage inconfortable ou humiliant.

Notre révolte à l'égard des traitements infligés à la femme musulmane nous détourne des nouvelles aliénations des femmes occidentales. À la malédiction que les mythes anciens leur faisaient porter se substitue la menace de cancer que la médecine préventive cherche à éloigner de leur sein. Au souci de plaire à l'homme se substitue le désir de plaire au regard intériorisé de l'homme qui crée la mode. La femme plate, sans hanches ni poitrine, qu'habillent les grands couturiers, hante l'imaginaire féminin.

---

1. Les ouvrages utilisés sont *Mémoires d'une jeune fille rangée, Le Deuxième Sexe, Pour une morale de l'ambiguïté, Pyrrhus et Cinéas.*

Prévenir le cancer des organes féminins, maigrir, être à la fois séduisante et dynamique... autant d'obsessions exploitées par instituts et magazines. Apparues enfin sur le devant de la scène, les femmes ne cessent d'être harcelées par les spots publicitaires. Ce qui a changé, c'est que, aujourd'hui, la femme choisit son aliénation elle-même. Elle n'est plus soumise à tel homme, mais à l'homme qui fait la loi.

Beauvoir permet aux hommes et aux femmes de comprendre que ce qui est dorénavant à conquérir, c'est une nouvelle relation. Non pas une relation d'égalité brute, aussi brutale et injuste que la domination. Mais une relation de liberté à liberté dans laquelle chacun choisit de se construire avec l'autre.

Aujourd'hui, s'adresser « aux hommes et aux femmes » se présente comme le signe de reconnaissance de l'égalité des sexes. Beauvoir, quant à elle, maintient le concept générique. L'homme est libre, répète-t-elle. Pas question, pour elle, de reprendre la distinction entre « mâles et femelles ».

Chapitre 4

Assumer sa liberté avec Beauvoir, Sartre et Jaspers

Tous les philosophes de l'existence partent du principe que le propre de l'homme est d'être libre. Seul vivant à savoir qu'il vit et à se vivre comme un « je », l'homme « transcende » le monde des choses. La liberté « originelle », celle qui nous est donnée en même temps que l'existence, s'exprime dans l'ouverture de la conscience, qui surplombe les événements et devance l'avenir en l'imaginant. Et tous les philosophes de l'existence s'accordent pour affirmer que cette liberté originelle, qui se confond avec notre être d'homme, ne suffit pas pour faire d'un individu un homme libre, au sens plein du mot. Vivre libre, c'est utiliser son pouvoir de choisir pour construire sa liberté. La « liberté existentielle » est le fruit d'une démarche volontaire et réfléchie.

Pour Beauvoir, Sartre et Jaspers, la prise en charge courageuse de nos choix constitue le cœur de la liberté existentielle. Décider et assumer ses décisions sont, à leurs yeux, les actes fondateurs de la construction de la liberté. Celle-ci est indissociable de l'engagement et de la responsabilité.

Nous allons suivre ces trois auteurs dans leur conception très exigeante de l'exercice de notre liberté. Leur approche cerne au plus près la solitude inhérente à notre individualité tout en affirmant l'obligation, pour chacun d'entre nous, de prendre en compte, dans ses projets, la liberté des autres hommes. Responsabilité éthique face à l'humanité et exigence éthique d'une communication authentique avec les autres forment les deux volets d'une liberté qui, mobilisant toutes nos ressources, renforce et développe en retour notre énergie.

Simone de Beauvoir

Se vouloir libre

Un homme est à la fois liberté et facticité. La facticité est le fait qu'un homme est toujours aux prises avec des choses concrètes, avec des faits. La liberté est ce qui porte l'homme à s'approprier les choses en agissant sur elles en fonction des buts qu'il se donne. Me vouloir libre, c'est savoir que *ce qui est mien c'est ce que je fais*. Je ne peux décider de la vie des autres, ni des événements et des maladies qui m'atteignent à travers l'histoire et ma nature. Mais il m'appartient entièrement de décider de mon rapport avec les autres et avec les événements. Me vouloir libre, c'est décider de mon rapport au monde, envisager mon existence comme une succession de projets, comme un mouvement le long duquel tous les objectifs atteints deviennent des nouveaux points de départ.

Beauvoir reprend un récit de Plutarque. *Pyrrhus faisait des projets de conquête. « Nous allons d'abord soumettre la Grèce, disait-il. – Et après, demande Cinéas. – Nous gagnerons l'Afrique. – Après l'Afrique ? – Nous passerons en Asie, nous conquerrons l'Arabie. – Et après ? – Nous irons jusqu'aux Indes. – Après les Indes ? – Ah, dit Pyrrhus, je me reposerai. – Pourquoi, dit Cinéas, ne pas nous reposer de suite ? »* Cinéas semble sage, mais, existentiellement, c'est Pyrrhus qui a raison. Ce qui donne sens à son existence n'est pas le repos de la fin, mais la conquête. Et la conquête ne pourrait avoir lieu si Pyrrhus ne considérait pas chaque étape comme un passage vers la levée d'un nouveau défi. Se vouloir libre, c'est penser et agir comme Pyrrhus. Définir ce qui, pour soi, a du sens et ne jamais s'arrêter en chemin.

Une femme qui se veut libre en faisant sa vie avec un homme est réellement libre si elle agit chaque jour pour créer ce qui régénère la relation avec l'homme qu'elle aime. Un homme qui se veut libre en choisissant telle profession n'est réellement libre que s'il dépasse chaque jour ce qu'il sait faire pour aller vers autre chose. Un individu qui se veut libre vit de l'inachèvement dans lequel il met lui-même le projet qui donne sens à son existence. Les réussites seraient des impasses s'il ne les transformait pas lui-même, comme la racine du mot l'indique[1], en de nouvelles issues. *Se vouloir libre,* c'est donc assumer la liberté originelle en décidant le sens de

---

1. Du latin *re-uscire,* « réussir » signifie « sortir à nouveau ».

ce qu'on fait et en dépassant sans cesse ce que l'on a fait.

Vouloir la liberté

Se vouloir libre, c'est en même temps *vouloir la liberté*. Nous sommes au monde avec les autres. Chaque autre est un individu unique sur lequel je n'ai pas de prise directe. Je peux choisir de faire des choses « pour lui », comme cette mère qui se dévoue pour son enfant. Il reste que l'enfant devenu adulte est entièrement libre d'accepter ou de rejeter, libre de construire ce qu'il veut à partir de l'acte que je pose devant lui. Vouloir la liberté, c'est savoir que mon acte s'échappe vers l'autre et vers l'avenir, qu'il est pour autrui ce qu'il en fait lui-même et toujours une donnée à dépasser. Cette conscience m'oblige moralement à ne pas faire n'importe quoi, mais, au contraire, à choisir ce qui pourrait être pour l'autre un fructueux nouveau commencement.

Se vouloir libre en voulant la liberté, c'est donc *effectuer le passage de la nature à la moralité*. Ce passage de la liberté de spontanéité à la liberté éthique – que Beauvoir qualifie de *liberté authentique* – implique la prise en compte à la fois des autres proches et de l'humanité en tant qu'entité concrète. Concrètement, l'humanité est la succession d'actes par laquelle se construit le monde. Vouloir la liberté, c'est reconnaître le règne de l'humain dans le passé comme dans l'avenir. Reconnaître le passé, c'est l'aimer dans sa vérité vivante et donc y voir un appel vers l'avenir – c'est le dépasser en créant. L'étude de la Renaissance nous apprend, par exemple, la nécessité d'intégrer l'homme dans l'univers dont il est à la fois le produit et l'expression. Reconnaître l'avenir, c'est combattre l'oppression dans toutes ses formes – c'est agir pour la libération. La volonté de liberté exige que chacun d'entre nous choisisse, dans ses projets, la liberté de l'homme, de tous les hommes.

Si le bourreau ne peut rien sur la liberté de sa victime qui a choisi la résistance au tyran, la tyrannie est un régime qui, dans sa factualité, s'oppose à l'épanouissement de la liberté. Je ne peux me vouloir libre en voulant la servitude d'un peuple ou en restant indifférent à ce qui s'oppose à l'épanouissement des hommes. La morale existentialiste est individualiste mais non pas solipsiste*. Elle est individualiste parce qu'elle accorde à l'individu libre la valeur absolue et qu'elle considère l'humanité comme *une suite discontinue d'hommes libres qu'isole irrémédiablement leur subjectivité* et qui avancent de manière imprévisible. Mais elle se définit par rapport à sa relation au monde et aux autres hommes, car elle affirme que l'individu ne peut s'accomplir qu'à travers la liberté d'autrui.[1]

Liberté bien orientée commence par soi-même

La solitude nous fait peur pendant que la relation aux autres nous soucie. Souvent, nous nous occupons des autres pour échapper à notre solitude.

---

1. Les ouvrages utilisés sont *Pyrrhus et Cinéas* et *Pour une morale de l'ambiguïté.*

Avec les meilleures intentions, nous voulons leur bien, nous leur donnons des conseils. Il nous arrive même de faire des sacrifices pour eux, c'est-à-dire de nous priver pour qu'ils aient une meilleure situation que nous. C'est le cas d'un certain nombre de parents.

Un regard attentif nous révèle des motivations moins généreuses. En fait, nous projetons nos craintes et nos désirs sur autrui au lieu d'admettre qu'il est tout autre que nous et libre dans cette altérité même. Nous dépensons de l'énergie à vouloir contrôler la situation de l'autre, alors que, quoi que nous fassions, il ne peut vivre que ses propres situations. En voulant son bien, nous ne voulons pas vraiment sa liberté.

Beauvoir nous invite à nous concentrer sur notre propre existence. À sonder nos désirs, pour savoir quels buts nous allons nous fixer. À entreprendre, à partir de notre pouvoir inné de choisir, la construction de ce qui donne sens à notre parcours dans ce monde. À nous préoccuper, en somme, de la construction de notre vie et non de la vie des autres.

La concentration sur la construction de notre liberté est tout le contraire de l'égocentrisme. Nous ne pouvons être libres sans vouloir la liberté des autres. La volonté de la liberté des autres emprunte deux voies complémentaires. Celle de la relation individuelle, où je renvoie l'autre à lui-même et à ses responsabilités. Celle de la lucidité sociale et politique, où je guette, avec d'autres, toutes les atteintes directes ou indirectes qui sont faites à la liberté.

Jean-Paul Sartre

Engager sa liberté

Chaque être humain est un absolu jouissant d'une date absolue et parfaitement impensable à une autre date. Absolu, chacun de nous l'est, parce que, une fois né, il est son propre point de départ, une conscience qui se projette sans cesse au-delà d'elle-même et qui choisit sa propre façon d'affronter la vie. Unique, chacun d'entre nous est à tout moment seul à affronter sa vie, à l'affronter à partir de lui-même et à l'affronter dans chacun de ses événements. *Délaissement* est le nom de cet état de fait commun à tous les hommes et incontournable. *Engagement* est le nom de la nécessité, pour chacun d'entre nous, de faire des choix, qui, traçant au fur et à mesure son chemin, entrent inévitablement en relation permanente et imprévisible avec les choix des autres.

Condamné à être libre, délaissé, l'homme dispose de deux grandes manières de s'engager dans l'existence. Il peut initier des actions qui modifient spectaculairement le cours de l'histoire ou/et de sa propre histoire. C'est le cas de l'Oreste des *Mouches**, qui tue l'amant de sa mère à la fois pour venger son père et pour libérer d'un tyran la cité de Mycènes. Mais il peut aussi faire siennes des situations dont il n'est pas l'initiateur. C'est le cas de celui qui, estimant qu'il ne peut rien contre la guerre qui sévit indépendamment de sa volonté, contribue à sa continuation en choisissant de ne rien changer à son quotidien. Dans les deux cas, l'homme est responsable non seulement de son choix, mais des conséquences que son choix entraîne pour les autres. Oreste est un libérateur, alors que l'homme qui fait comme si la guerre n'existait pas est un collaborateur.

Appelé sans cesse à engager sa liberté et à choisir pour tout, chacun d'entre nous est responsable de tout. En effet, quelle que soit la situation « extérieure », je suis obligé de l'intégrer, d'en faire « ma » situation. Prendre sur moi, avec moi, la situation, c'est savoir que j'en suis l'auteur et qu'un auteur doit répondre de son œuvre. Rejeter ou accepter, c'est choisir. Ne pas choisir, c'est encore choisir, c'est marquer la situation du sceau de mon non-choix et faire porter à mon entourage proche, mais aussi lointain, le poids de ma passivité. Rester indifférent au sort des Noirs asservis par les Blancs, c'est non seulement contribuer au maintien d'un état de choses, mais c'est aussi souscrire à la justification politique de l'esclavage. L'exercice de la liberté s'accompagne d'une responsabilité intégrale. Mes comportements et mes actes ont tous des répercussions sur l'humanité tout entière.

S'engager pour l'humanité

Assumer ma responsabilité, c'est me dégager du sentiment de culpabilité. Auteur exclusif de mes décisions, il est absurde que je m'en prenne à moi-même, dans l'après-coup, pour ce que j'ai librement choisi. Pour éviter l'enlisement dans la pénibilité vaine du remords stérile, je dois impérativement réfléchir avant d'agir. Cette réflexion commence par la prise de conscience que *la liberté est le fondement de toutes les valeurs. Manque d'être*[1], la réalité humaine n'existe qu'en se dépassant et se dépasse en choisissant. Le dépassement de soi caractéristique de l'homme est indissociable de l'idée, et de la création, de la *valeur*. La valeur est ce qui se donne comme cet au-delà de nos actes au nom de quoi nous prenons des décisions et nous nous projetons dans l'avenir. En même temps, la valeur est ce qui est incarné dans les actes qui la visent et qu'elle éclaire.

Engager sa liberté, choisir, c'est poser la valeur de l'acte choisi. En choisissant de me marier, j'affirme la valeur du mariage et cette affirmation de valeur a des conséquences sur l'ensemble de la société dont je suis membre. En choisissant de m'inscrire au parti communiste, j'érige une certaine forme de la justice en valeur universelle de l'humanité. L'homme est ce par quoi la valeur advient dans l'être. Cet avènement des valeurs dans une réalité qui, sans l'homme, serait compacte et muette, constitue le *monde*. Le monde, pour Sartre, n'est pas la « nature », mais ce réseau de situations issues d'une multiplicité d'affirmations diverses et divergentes de valeurs. Aussi, *il n'y a de monde qu'humain.*

Il n'y a pas de situation « inhumaine », puisque les situations les plus barbares sont choisies, soutenues, supportées par des hommes. *On a le monde qu'on mérite.* Car, en choisissant, chacun choisit un

---

1. Cf. p. 36.

certain type d'humanité. Si je trahis, j'érige la trahison en valeur universelle. Si je ne résiste pas aux tentations du marché, j'érige le marché en valeur universelle. Dans ces conditions, réfléchir avant d'agir consiste à me demander : *et si tout le monde en faisait autant ?* La réponse authentique à cette question oriente ma responsabilité d'une certaine façon. Je dois choisir ce qui respecte la liberté des autres hommes.[1]

Agir au lieu de gémir ou de râler

Les événements qui nous « tombent dessus » – un accident, une maladie, un licenciement, un krach boursier… – paraissent nier ou supprimer notre liberté. Il nous arrive d'avoir à leur endroit des attitudes de rejet, de déni, de résistance au changement. Notre désolidarisation de ce qui nous arrive ne nous aide pourtant pas à trouver notre solution.

Les situations « établies » – un marché du travail malade, une mondialisation inéquitable, une démocratie asservie aux intérêts financiers… – semblent dépendre de puissances sur lesquelles notre liberté ne peut rien. Il nous arrive souvent de faire d'acerbes critiques et de manifester bruyamment dans les rues. Nos indignations épidermiques sont aboiements de chiens pendant que la caravane continue son chemin.

Sartre nous rappelle que tout événement est une « occasion » offerte à notre liberté. Nous avons à

----

1. Les ouvrages utilisés sont *L'Être et le Néant, L'existentialisme est un humanisme* et *Les Mouches**.

considérer les faits qui, personnellement, viennent désagréablement nous surprendre comme des révélateurs de notre capacité de faire de toute situation le moyen de nous dépasser vers le meilleur inconnu de nous-mêmes. Tout fait qui nous arrive doit être considéré comme une chance, écrit-il.

Sartre nous rappelle aussi que les systèmes établis deviennent des « fatalités » seulement à partir du moment où nous estimons qu'ils sont immuables. En devenant attentifs aux actes de collaboration que, à tout moment, nous commettons, nous comprendrons que c'est par nous que le commerce est inéquitable et la démocratie illusoire. « Tout le monde en fait autant », aujourd'hui, dans les pays dits développés, pour que rien ne change.

Karl Jaspers

Choisir d'être soi-même

L'affirmation que la liberté est donnée en même temps que l'existence reste théorique tant qu'un individu ne s'est pas posé la question du sens de son existence. La liberté originelle dont parlent Sartre et Beauvoir est, au regard de Jaspers, une virtualité qui, en tant que telle, peut ne pas se réaliser. La fuite devant la liberté est une attitude possible, un homme peut ne pas choisir la liberté. Un individu peut vivre enlisé dans sa réalité empirique* comme il peut se déconnecter de celle-ci en se réfugiant dans des élucubrations intellectuelles.

Certes, c'est parce que l'homme est virtuellement libre qu'il peut se poser la question de la liberté. Mais la liberté se révèle et se conquiert à travers les actions d'un sujet qui cherche à découvrir qui il est. La liberté relève d'un *choix existentiel*, et ce choix est *la décision d'être moi-même*.

La décision d'être moi-même est le choix d'un *combat* complexe et sans issue. Le combat est complexe, car ma volonté de liberté émerge sur fond de nécessité. Ce que je suis est lié à ma *nature*, et il me faut à la fois dompter ce fond obscur et puiser en lui ma force motrice. Ce que je suis est lié aux *lois* que véhicule la culture à laquelle j'appartiens, et il me faut à la fois tenir compte de ces normes et m'en distancier. La liberté par laquelle je suis moi-même se prouve et s'éprouve tantôt en s'opposant tantôt en s'unissant à ce qui lui résiste. Le combat est complexe, car je décide d'être moi-même mais *je suis en choisissant*, car je décide seul mais je ne peux être moi-même sans choisir de communiquer inconditionnellement avec autrui. Pour être moi-même, j'ai absolument besoin de rencontrer les autres et d'exposer ce qui me tourmente à leurs questions. Le combat est sans issue, car ma quête ne connaît pas d'accomplissement.

Choisir d'être soi-même c'est choisir résolument la *communication existentielle*. Cette communication n'est pas une conversation mondaine ni un débat d'idées. Elle n'est pas un échange durant lequel chacun fait preuve de tolérance ou guette l'occasion d'obtenir le consensus. La communication existentielle est la rencontre courageuse de deux personnes qui, cherchant à s'éclairer réciproquement sur le sens de leur existence, prennent *le risque de se tromper, de se mettre dans leur tort, de pousser les choses à l'extrême ou de les faire passer sur le fil du couteau.* Cette rencontre rude, où chacun découvre ce qu'il ne connaissait pas encore et accepte d'obéir à l'exigence d'authenticité qui lui vient à travers l'autre, est un *combat fraternel. Communiquer c'est devenir soi avec l'autre* en construisant un pont entre deux solitudes. Choisir la liberté existentielle, c'est assumer inconditionnellement la difficulté de l'existence.

Éprouver sa liberté

Se choisir soi-même, c'est décider de faire de toute *situation-limite*[1] un chemin. La décision n'est pas évidente. La mort de l'être aimé, notre propre maladie grave ou mortelle, l'échec qui perturbe notre parcours professionnel dressent devant nous un mur d'incompréhension en même temps qu'ils nous submergent de douleur. Aux prises avec ce genre de faits opaques, nous pouvons basculer dans la dépression, fuir dans le divertissement ou rester dans le déni. Dans tous ces cas, nous nous immobilisons devant le mur et abdiquons notre liberté. Mais nous pouvons aussi décider de porter à ces faits un *intérêt infini.* En prenant cette décision, nous effectuons un *bond,* nous passons de l'autre côté du mur.

---

1. Cf. pp. 31-32.

Nous découvrons alors, à travers notre vie limitée, ce qui la transcende, le mystère qui l'englobe et qu'elle exprime en silence. Nous découvrons non pas un Dieu qui nous console, mais le sens que nous pouvons personnellement donner à ce qui nous terrasse. La mort de l'être aimé n'abolit pas la relation qui nous a unis. La maladie grave ou mortelle n'efface pas l'être que nous sommes tant que la vie est en nous. L'échec ne brise pas le fil de notre existence. Au contraire. L'événement douloureux nous relie à notre pouvoir de transcender ce qui, factuellement, nous accable. L'événement douloureux est un appel à la liberté. Là où la liberté existe, elle est aux prises avec les obstacles. Sans contraintes et sans écueils, notre liberté s'évanouirait. Ce sont les obstacles qui confèrent à notre choix d'être nous-mêmes son contenu. Nous avons à faire confiance à ce qui fonde notre liberté.

Jaspers affirme avec force que tout être humain qui a consolidé sa liberté mise à l'épreuve par une situation-limite se trouve doté d'un solide appui. Il ne redoute plus les agressions extérieures, car il compte sur ses ressources à lui. Il est disponible pour les autres, car il sait accueillir leur tourment de fond. Il a le courage de s'engager politiquement, car il existe des situations historiques où rester passif et se taire est synonyme de contribuer au crime. Car il existe des situations-limites historiques qui interpellent chaque individu dans son pouvoir de liberté. Les guerres exterminatrices ne concernent pas seulement les persécutés. Elles signifient à nous tous, simultanément et contradictoirement, de quelles horreurs les hommes sont capables et de quelles possibilités de changements ils sont porteurs, si toutefois chacun d'eux le décide.[1]

Se faire confiance

Nous vivons terrorisés par tous les maux qui frappent nos semblables. Le journal nous assène sans discontinuer le terrible, le corps médical nous recommande par tous les canaux d'information de prévenir les maladies qui peuvent nous atteindre et les spécialistes de l'environnement prédisent à notre planète un avenir funeste.

Souffrances, échecs, violences, morts sont des situations extrêmes. L'omniprésence de leur réalité et de leur éventualité par le canal des médias les dépersonnalise. Cette dépersonnalisation nous les rend insupportables. Nous nous sentons menacés par ce qui pourrait nous concerner mais qui ne nous est pas vraiment adressé ; nous sommes comme écrasés par des puissances aveugles qui agissent anonymement.

Ainsi nous oublions que le deuil, la maladie, l'échec que nous vivrons seront notre deuil, notre maladie et notre échec. Nos ressources seront alors mobilisées pour y faire face, notre conscience sera sollicitée pour trouver sa propre façon de les affronter. La mort est plus aisée à supporter que la pensée de la mort sans péril, *notait Pascal. Jaspers*

---

1. Les ouvrages utilisés sont *Introduction à la philosophie* et *Philosophie*.

nous signifie que la situation la plus pénible est une porte qu'il dépend de nous de laisser fermée ou d'ouvrir.

À partir du moment où elle nous arrive, la situation extrême devient notre situation-limite. Elle nous limite en nous invitant à nous dépasser. À nous dépasser en faisant confiance à la vie qui est en nous. Tant que la vie est là, nous avons la possibilité d'écrire, sur l'histoire qui fond sur nous, notre propre histoire.

Chapitre 5

Vivre libre avec Merleau-Ponty, Camus et Kierkegaard

La construction de la liberté, ainsi que Sartre, Beauvoir et Jaspers la pensent, est fortement rationnelle et d'essence éthique. L'individu a la possibilité de choisir égoïstement, puisque rien ne lui indique ce qu'il faut faire. Mais sa raison, lui révélant les conséquences néfastes d'une telle attitude, exige de lui qu'il fasse autrement. La prise en compte des autres proches et, par-delà eux, la prise en compte de l'humanité tout entière constitue le cœur de la seule liberté digne de ce nom, la liberté responsable.

Merleau-Ponty, Camus et Kierkegaard sont également d'avis qu'une liberté indifférente à autrui et au sort de l'humanité est un non-sens. Mais leur approche accorde moins d'importance à la raison et situe la conquête de la liberté sur un autre plan que celui de l'éthique. L'individu pourrait ne vivre que pour lui, et d'ailleurs tout individu commence à vivre ainsi. Ce qui porte les hommes à suivre une autre voie, c'est la prise de conscience de la dimension ambiguë et tragique de l'existence. Cette prise de conscience inclut un sentiment de solidarité.

Nous sommes tous embarqués sur le même navire, alors autant nous entraider.

Très différents les uns des autres, Merleau-Ponty, Camus et Kierkegaard inscrivent la conquête de la liberté sur un registre que la raison ne saurait contenir. Plus radicalement, alors que Sartre, Beauvoir et Jaspers[1] accordent leur pleine confiance aux pouvoirs de la raison, Merleau-Ponty, Camus et Kierkegaard font confiance à la force mystérieuse par laquelle il y a de l'existence.

Maurice Merleau-Ponty

Revenir à l'expérience même de la liberté

Tout homme est une structure psychique et historique. Il a reçu, avec l'existence, ce corps et pas un autre, il est né dans cette culture et pas dans une autre[2]. Ces données de départ ne sont pas des facteurs qui déterminent le cours de sa vie mais des *moyens* de communiquer avec le monde. L'homme est toujours en situation. Il est aux prises avec d'autres et avec des choses, confronté à un contexte. Cette donnée n'est pas un facteur qui conditionne son comportement, mais un *champ de possibles* pour sa liberté. Parce que l'homme n'est pas une chose mais une existence, c'est-à-dire une conscience, un sujet, une chair, rien ne peut

---

1. Jaspers se situe entre les deux : s'il croit en la raison, il ne cesse de rappeler les limites de celle-ci.
2. Cf. pp. 45-46.

l'enchaîner du dedans et rien ne peut le déterminer du dehors. Sa liberté consiste en cela même.

La preuve de la liberté coïncide avec deux expériences qui sont communes à tous les hommes. D'une part, chacun, au fond de lui, se saisit comme une réalité indépendante de sa fonction sociale, de ses traits de caractère et de son état de santé. Pour moi-même, je suis moi et non pas fonctionnaire, jaloux ou boiteux. Ce moi que je sens être ne se réduit pas à mes attributs, il est en deçà et au-delà d'eux, il est dans le mouvement constitutif de ma vie et ce mouvement est ma liberté. D'autre part, chacun sait intuitivement que ses actions sont bien les siennes. Ce que je fais, je le fais à partir de mon élan et je ne peux vivre sans agir. Je suis libre puisque mes actions viennent de moi. Ma liberté est mon pouvoir de m'orienter dans le monde en intégrant de manière tout à fait personnelle ce que je rencontre sur ma route.

Une lecture grossière de la psychanalyse fait de celle-ci une théorie déterministe et une pratique qui soigne par la prise de conscience des faits passés qui nous ont déterminés. Une lecture perspicace dévoile une tout autre réalité. Le traitement psychanalytique soigne en créant, entre le sujet et son médecin, des rapports existentiels nouveaux. L'analysant re-vit son passé, c'est-à-dire le vit autrement, en l'ouvrant, grâce à la communication avec cet autre qu'est l'analyste, à l'avenir. D'ailleurs, celui qui entreprend un travail analytique le fait à partir d'une décision qui préexiste à toutes les explications qu'il donne dans l'après-coup pour fonder son choix. Et c'est cette *décision secrète* et préalable qui enclenche le processus thérapeutique. La liberté n'est pas le fruit d'un arbitrage de la volonté, elle n'est pas l'effet d'une délibération. La liberté est ce qui nous porte à chercher l'accord avec nous-mêmes, à puiser dans la situation rencontrée ou provoquée ce qui nous révèle à nous-mêmes.

Se reconnaître libre

Merleau-Ponty nous invite à abandonner la théorie selon laquelle la liberté se construit par une succession de choix volontaires. Selon lui, cette théorie trahit la liberté vécue, qui procède de façon spontanée, continue et imprévisible. La spontanéité de la liberté réside dans le fait que je suis sans cesse en train de prendre des initiatives, ne serait-ce que l'initiative de maintenir les choses en l'état. La continuité consiste dans le fait que mes initiatives sont ancrées dans mon élan de continuer de vivre et de m'inscrire dans la durée en cherchant à accomplir ce que j'ai commencé. L'imprévisibilité consiste dans mon impossibilité de suspendre la temporalité et la nouveauté qu'elle apporte – même si je fais tout pour maintenir les choses en l'état, le temps les change et me porte à m'orienter autrement. Abandonner l'idée que la liberté est une démarche rationnellement construite, c'est sentir le cœur de la liberté qui est *le pouvoir de commencer* et de poursuivre en commençant à nouveau.

Me reconnaître libre, sentir intuitivement qu'existe en moi, inaliénable, la possibilité d'amorcer ce qui n'est pas encore et d'interrompre ce qui est déjà, c'est savoir intuitivement que commencer et interrompre sont les deux volets inséparables du pouvoir de commencer. Car interrompre, dans la vie, ce n'est jamais couper le fil, mais le reprendre à nouveau autrement. Vivre libre, c'est me libérer de l'idée que je suis la cause de ce qui m'arrive, que ma volonté a le pouvoir de plier à elle les choses. Vivre libre, c'est comprendre le fait très concret que je suis l'auteur de ma vie, comme l'artiste est à l'origine de son œuvre. L'artiste commence à porter en lui son œuvre à l'état d'ébauche, sans savoir à l'avance ce qu'elle sera, puis se laisse porter par son élan et y subordonne son talent. Ainsi, je porte en moi l'esquisse de ma propre singularité et ma liberté consiste à aller jusqu'au fond de moi-même.

Merleau-Ponty nous incite à bien considérer le cas où nous renonçons à un projet. Avant le renoncement, le projet nous paraissait fondamental et nous déployions une panoplie d'arguments pour nous persuader que nous faisions le bon choix. Après le renoncement, nous éprouvons un sentiment de libération ; nous nous apercevons que nous ne tenions pas tant à ce projet puisque nous pouvons vivre autrement. En somme, notre choix était déjà fait avant que notre raison ne se mette à peser le pour et le contre. C'est parce que notre liberté relève d'une décision préalable que la signification de nos actions se révèle dans l'après-coup. Alors que notre liberté nous porte à quitter le passé pour créer l'avenir, le sens de notre vie se dévoile rétrospectivement, quand notre vivre se transforme en vécu. Vivre libre, c'est être un perpétuel commençant et un infatigable re-commençant dans un monde peuplé d'autres qui, comme soi-même, composent la trame du monde.[1]

Faire confiance à ses « décisions secrètes »

Notre culture occidentale fait de la démarche rationnelle le critère de la connaissance vraie et de l'action réussie. Pour savoir, nous dit-elle, il faut remonter la chaîne des causes. Pour prendre la bonne décision, il est nécessaire d'envisager les effets possibles des différentes options. En somme, liant liberté et succès, elle nous incite à fonder notre liberté sur un calcul des risques et des chances.

Prendre une décision est souvent chose difficile, car nous redoutons de faire le mauvais choix. Pour éviter de nous tromper, nous examinons de multiples hypothèses. Ce faisant, nous augmentons nos doutes et bloquons nos sources vives. Dans ces conditions, le passage à l'action se complique. Paradoxalement, pour être libres, nous nous imposons des chaînes.

Merleau-Ponty nous rappelle que nous sommes un tout vivant embarqué dans le mouvement qui ouvre le présent sur l'avenir. Il nous rappelle aussi que notre passé est composé de tous les avenirs que nos présents révolus ont créés. Ces rappels nous renvoient au cœur de notre énigme. C'est-à-dire au cœur de ce qui nous caractérise en nous structurant.

---

1. Les ouvrages utilisés sont *Phénoménologie de la perception* et *Signes.*

Pour vivre libres, nous avons à faire confiance à la sagesse de notre corps, où s'inscrit fidèlement notre vie au fur et à mesure qu'elle se déroule. Pour vivre libres, nous avons à créer, à partir des données du monde, nos propres situations.

Albert Camus

Se libérer par la lucidité

La vie mène à la mort et il n'y a rien en dehors de la vie. La souffrance est incompréhensible et rien ne peut l'abolir. L'homme est seul dans un monde vide et silencieux, et chacun d'entre nous est seul face à la souffrance et à la mort. Ce pressentiment, cette inquiétude ou ce constat suscitent le refus. *L'homme est la seule créature qui refuse d'être ce qu'elle est.* Le refus caractérise l'homme, l'homme est viscéralement un *homme révolté. La révolte est, dans l'homme, le refus d'être traité en chose et d'être réduit à la simple histoire.* Toute la question est de savoir ce qu'un homme fait de sa révolte. Le suicide, la destruction des autres et l'espoir d'un au-delà sont, pour Camus, les trois formes d'une révolte qui détruit la possibilité même de la liberté.

Car la liberté commence au moment où l'homme devient lucide. Se détruire soi, c'est évacuer le problème. Détruire les autres, au nom d'un idéal de justice, c'est éluder le problème fondamental en justifiant la violence et le meurtre. Trouver sa consolation dans une croyance religieuse, c'est éviter de vivre pleinement cette vie. Meursault, qui, condamné à mort pour un acte irréfléchi, sort de sa torpeur pour aimer la vie qu'on lui ôte[1], a raison sur la femme désespérée qui met fin à ses jours[2]. Le terroriste Kaliayev, qui, au moment d'assassiner le grand-duc au nom de la liberté politique, est arrêté par le regard des enfants innocents, a raison sur Stepan, pour qui la révolution justifie tout[3]. Rieux, qui fait son métier de médecin en accompagnant les pestiférés, a raison sur le père Paneloux, qui, expliquant la peste par le péché, invite les habitants d'Oran à faire pénitence[4]. La révolte prend sens dès lors que la conscience interroge son propre refus : *pourquoi se révolter s'il n'y a, en soi, rien de permanent à préserver ?* Cette question opère le dépassement du « non » par le « oui ».

Le premier acte d'une conscience saisie par l'étrangeté de son contact avec une réalité qu'elle ne comprend pas est de reconnaître qu'elle partage cette étrangeté avec tous les hommes, car chaque homme souffre du silence du monde. La conscience fait l'homme. *Tout commence par la conscience et rien ne vaut que par elle.* Tout homme vaut du simple fait qu'il est conscient. Tout homme vaut maintenant, dans son présent, dans la vie qu'il est en train de vivre et qui peut s'interrompre à tout moment. Le « oui » du révolté affirme la valeur inconditionnelle de la vie et des autres hommes. Il

---

1. *L'Étranger*.*
2. *La Chute*.*
3. *Les Justes*.*
4. *La Peste*.*

dit : *J'aime cette vie avec abandon et veux en parler avec liberté : elle me donne l'orgueil de ma condition d'homme.* Le deuxième acte de la conscience révoltée est d'aller au-delà de sa solitude pour affirmer la *solidarité* : *Je me révolte, donc nous sommes.*[1]

Vivre libre et solidaire des autres

La vision de l'existence de Camus se trouve condensée dans son roman philosophique *La Peste**. La ville ensoleillée d'Oran grouille de gens qui, anesthésiés par leur train-train quotidien, vivent sans savoir ce que vivre signifie. Jusqu'au jour où, brusquement, par l'épidémie de peste, la mort fait son irruption. En devenant omniprésente, la peste révèle la fragile brièveté des vies individuelles. En même temps, la mort oblige chacun à comprendre que, dans cette aventure incompréhensible pour la raison, il est solidaire de ses semblables. L'expression de cette solidarité diffère selon les individus. Rieux, le médecin, pense que l'essentiel est d'accomplir le geste utile. Tarrou, venu à Oran pour fuir un père magistrat qui envoyait des hommes à l'échafaud, aide Rieux parce qu'il refuse, en actes, tout ce qui fait mourir ou justifie qu'on fasse mourir. Le journaliste Rambert, qui ne songe qu'à retourner à Paris pour retrouver sa maîtresse, finit par rester pour offrir son aide.

Rieux exerçait son métier de médecin par habitude. Tarrou avait choisi la fuite solitaire. Rambert ne

---

1. *L'Homme révolté**.

pensait qu'à l'amour et au plaisir. Tous les trois vivaient en deçà de tout questionnement sur l'existence. Les voici éveillés à l'idée que la souffrance et la mort sont une affaire qui concerne tous les hommes. Les voici liés par la conscience que, mortelle, la vie vaut la peine d'être vécue en étant soutenue jusqu'au bout. L'absence de cette conscience avant la peste rendait les Oranais insensibles au bonheur. Ils ignoraient l'immense joie d'un bain de mer, d'un thé au jasmin, d'une promenade sur le sable doré. Chacun d'eux vivait à l'extérieur de lui-même, dans ses automatismes professionnels, dans la hantise de son passé, dans l'espoir du plaisir à venir. Aucun d'eux ne s'était interrogé sur la condition humaine. Ainsi ignorants et étrangers à eux-mêmes, ils n'étaient pas libres, mais prisonniers des conformismes, des traumatismes, des projets.

Vivre libre, c'est vivre conscient de soi et présent au présent du monde. Vivre libre, c'est savoir que l'homme est son propre but, qu'il est le seul but et que, s'il veut être quelque chose, c'est dans cette vie. Vivre libre, c'est faire vivre en soi et autour de soi la vérité de l'homme. *Ce monde a du moins la vérité de l'homme et notre tâche est de lui donner ses raisons contre le destin lui-même. Et il n'a pas d'autres raisons que l'homme, et c'est celui-ci qu'il faut sauver si l'on veut sauver l'idée de la vie.* Aimer le présent et le bonheur sur fond de conscience tragique inclut le combat pour la justice. *Qu'est-ce que sauver l'homme ? C'est ne pas le mutiler et c'est donner sa chance à la justice qu'il est le seul à concevoir.* Au lendemain de la Seconde Guerre mondiale, Camus stigmatise l'attitude des victimes qui, au lieu de construire une société neuve, ressassent leur haine contre les bourreaux. Il plaide pour cet *effort supérieur qui transformera l'appétit de haine en désir de justice.*[1]

Cultiver la lucidité de la conscience

Contrairement aux habitants d'Oran, qui ont attendu la peste pour penser à la mort, nous sommes constamment hantés par la mort à force d'entendre parler des cancers tentaculaires. Contrairement aux personnages de Camus qui découvrent, avec la réalité de la mort, l'obligation de solidarité, nous vivons dans l'isolement tant notre peur du cancer que le cancer lui-même.

Hantés par une maladie que l'État nous somme de dépister et que la médecine aborde par radio-chimiothérapie, nous évacuons la pensée de la mort et, avec elle, le bonheur de vivre. Obnubilés par la persécution d'une maladie qu'ils ne savent pas accompagner, les pouvoirs publics et cliniques nous volent notre regard personnel sur notre condition.

Confondant santé et bonheur, nous sommes prêts à sacrifier le bonheur à l'espoir d'une vie longue. Confondant bonne conscience et solidarité, nous nous dédouanons de l'aide chaleureuse dont nos proches ont besoin en envoyant un chèque pour les malheureux lointains.

---

1. Les ouvrages utilisés sont *La Peste* et *Lettres à un ami allemand*.

Camus nous rappelle que tout commence par la conscience et [que] rien ne vaut que par elle. *Ce rappel nous invite à créer les valeurs nous permettant de fonder une civilisation humaine. Une civilisation humaine ne se fait pas à coups de précautions, de préventions et de normes. Elle se fait par* la confrontation des idées, par le sang et par l'esprit.

Sören Kierkegaard

Être libre en voulant l'Un

La vie d'un homme est un chemin et chacun porte la responsabilité de sa destinée. Il appartient de fait à chacun de choisir son mode d'existence, c'est-à-dire de se choisir lui-même. Kierkegaard distingue trois manières de vivre qu'il qualifie de *stades sur le chemin de la vie*. Le *stade esthétique*[1] est celui de l'immédiateté : vivant dans ses sensations et par ses passions, l'homme oscille entre l'exaltation de l'émotion présente et la souffrance de la frustration quand le présent est insatisfaisant et dès que le présent est passé. Le *stade éthique* est celui de la rationalité : ayant choisi une vie rangée dont il assume les contraintes, l'homme compte sur sa raison pour affronter les événements. Mais l'existence n'est pas rationnelle. À celui qui croit tout

---

1. « Esthétique » est pris ici au sens littéral : « ce qui est relatif aux sens » (*aisthesis*, en grec, signifie « sensation »).

pouvoir réglementer rationnellement, la vie montre tôt ou tard la désastreuse insuffisance de son mode de fonctionnement.

S'ouvre alors à lui la possibilité de franchir irréversiblement un seuil, de passer au *stade religieux*. Ce stade est celui de la foi en Dieu. La foi croit ce que la raison réfute, la foi espère contre toute espérance, la foi affirme l'éternité. L'homme religieux décide d'être un *individu* au sens authentique[1] de ce mot : transcendant ce qui le divise et lui soucie, il choisit de vivre en accord avec lui-même pour répondre à l'exigence de Dieu, qui est indissolublement Un et Bien. L'accès à la sphère religieuse rend l'homme libre. *Seul celui qui veut le Bien en vérité est libre, et libre par le Bien.* Cette liberté n'a rien à voir avec la conquête de son autonomie dans ses relations avec les autres ni avec le pouvoir de créer ses propres valeurs ou de défendre la liberté politique. Cette liberté coïncide avec l'insouciance qu'inspire l'entière confiance en la vie à ceux que l'Évangile qualifie de « simples d'esprit ».

Pour inciter l'homme éthique à faire le saut et pour soutenir l'homme de foi dans sa foi, Kierkegaard rédige une multiplicité de sermons recueillis sous le nom de *Discours édifiants*. S'inspirant de la Bible, il s'adresse à ce qui dans tout homme fait de lui un *individu*. Ce qui fait de l'homme un individu, c'est sa capacité de répondre de lui devant lui-même et non devant les autres et par rapport à eux. Ce qui

---

1. Au sens également littéral, le mot « individu » désigne ce qui n'est pas divisé, ce qui n'est pas divisible.

fait de l'homme un individu, c'est la force qui le porte à juger de la valeur de son existence non en fonction de ses réussites et de ses échecs, mais en fonction de sa fidélité à lui-même sur fond de face-à-face avec Dieu. Si le parti pris de Kierkegaard risque de rebuter ceux qui n'ont pas la foi, ses discours rayonnent d'une sagesse qui ouvre les cœurs par-delà toute considération religieuse.

Vivre libre comme les fleurs des champs et les oiseaux du ciel

Et pourquoi vous inquiéter au sujet des vêtements ? Observez les fleurs des champs : elles ne travaillent ni ne tissent. Pourtant, même Salomon avec toute sa richesse n'a pas eu de vêtements aussi beaux que l'une de ces fleurs. Dieu habille ainsi l'herbe qui demain sera jetée au feu : ne vous habillera-t-il pas à bien plus forte raison vous-mêmes ?... Ne vous souciez pas du lendemain : le lendemain se souciera de lui-même. La peine qui se présente chaque jour suffit pour la journée.

Kierkegaard reprend à sa façon le sermon sur la montagne. Il y avait, dit-il, une fois un ramier qui avait son nid dans une forêt parmi les arbres solitaires. Il ne redoutait guère l'orage, ni de manquer de graines. Il vivait joyeux et gazouillait du matin au soir. Un jour, il tomba sur une conversation qu'un couple de pigeons, habitant une ferme des environs, tenaient sur les conditions de vie par les temps qui courent. « Comme le temps est instable, disaient-ils, nous sommes installés sous un toit. Comme l'avenir n'est pas assuré, dès que l'automne

arrive, nous faisons des provisions de nourriture. »
Le ramier se prit à réfléchir. À la réflexion, il lui
sembla soudain fou de vivre au jour le jour sans se
préoccuper du lendemain. Il prit de moins en moins
le temps de manger pour se mettre à accumuler
quelques provisions. Cela ne changea pas sa condition, car les ressources qui s'offraient chaque jour à
lui étaient les mêmes. Mais un grand changement se
produisit en lui. L'idée anticipée d'éventuels
mauvais jours à venir le rendit incapable de vivre
heureux. Il devint désormais captif du souci matériel qu'il s'était lui-même fabriqué.

L'homme perd sa liberté dès lors qu'il s'imagine que
sa vie dépend de lui. Cette imagination s'empare de
lui à partir du moment où, se comparant aux autres
et se mettant à raisonner, il s'applique à chercher
par ses propres soins une sécurité à laquelle nul ne
peut prétendre : la vie est, par essence, incertaine.
Cette imagination instille en lui le souci matériel.
Car la sécurité obtenue par l'effort devient elle-
même source de tracas : la plus prestigieuse des
assurances ne saurait garantir contre l'imprévu. La
perte de la liberté coïncide avec les soucis
mondains. Ne nous contentant plus de notre condition d'homme, nous voulons prendre la place de
Dieu et régir le cours des choses de ce monde. Nous
subordonnons l'activité nécessaire du travail à la
poursuite de la sécurité et de la puissance. Ainsi,
nous nous épuisons à vouloir réaliser ce que jamais
nous ne pourrons obtenir.[1]

____

1. *Discours édifiants.*

Lâcher prise

Croyants ou pas, nous sommes tous aliénés à une société qui fait de la sécurité sa valeur centrale et suprême. Nous souscrivons à des assurances contre les sinistres plus qu'il n'est légalement obligatoire, en trouvant d'ailleurs normal qu'il y ait des assurances contre presque tout. Et, quand un arbre foudroyé par l'orage blesse ou tue un de nos proches, nous portons plainte contre la Ville et revendiquons des indemnités.

Croyants ou pas, nous sommes tous aliénés au marché des apparences qui envahit le monde entier. Nous garnissons notre garde-robe bien au-delà du nécessaire, en trouvant de plus en plus normal que les couleurs des tissus changent de saison en saison. Et, dans notre désir de détecter ou de prendre le pouvoir, nous jugeons et usons des signes extérieurs de richesse convenus.

Kierkegaard enracine dans la tradition chrétienne le proverbe universel « À chaque jour suffit sa peine ». Il nous rappelle que notre volonté de contrôler les choses non seulement n'arrange pas les choses, mais nous remplit d'inquiétudes trompeuses.

Si ce rappel ne suffit pas pour que nous lâchions prise, il nous invite à comprendre que vivre libre, c'est ne pas douter de ce qui nous réjouit. À comprendre aussi qu'est libre l'individu qui a donné à son existence un sens capable de le délivrer des tracas qui alimentent grassement le marché d'une société pour laquelle rien n'est sacré.

Chapitre 6

Existentialismes et philosophie

La question de la liberté est au cœur de toute philosophie. Plus radicalement, une philosophie qui n'affirmerait pas la liberté de l'homme s'abolirait aussitôt elle-même. Le stoïcisme*, qui pose la toute-puissance du destin, définit les moyens qui permettent à l'individu de conquérir, dans et malgré la prédétermination du cours de sa vie, la liberté intérieure. Le lien indissoluble entre démarche philosophique et liberté prend racine dans l'essence même de la philosophie.

Le désir de comprendre le sens de l'homme dans l'Univers révèle inévitablement le statut particulier d'un être qui transforme son environnement et s'interroge sur l'environnement et sur lui-même. La capacité de modifier les données naturelles et de se questionner suffit pour prouver que l'homme se distingue de tous les autres vivants par son pouvoir d'agir sur les choses. La philosophie s'empare de cette particularité pour la pousser jusqu'au bout d'elle-même. Si elle cherche à comprendre le réel, la philosophie cherche aussi à donner à l'homme des clés pour être moins inquiet, moins malheureux, plus heureux.

Les voies de l'existentialisme nous font découvrir le lien indissoluble qui unit la conquête de la liberté existentielle et la démarche philosophique. Pour passer de la possibilité de liberté, donnée à tout homme avec l'existence, à l'exercice de la liberté, il est nécessaire d'effectuer plus qu'une prise de conscience. Il me faut approfondir l'éveil de ma conscience pour découvrir le mouvement qui transforme mon existence en réalité signifiante. Cet approfondissement qui me fait passer de l'éveil au sens est à la fois cheminement philosophique et chemin de liberté.

Les existentialistes et la philosophie

La fascination des origines

Tous les penseurs existentialistes sont des lecteurs attentifs des philosophes, à commencer par les premiers penseurs de la Grèce. Nietzsche s'intéresse tout particulièrement aux présocratiques*, initiateurs de l'esprit philosophique et jouissant de la grâce des commencements. Il y voit ses précurseurs. En faisant du combat des contraires le fondement de la réalité, Héraclite* préfigurerait la pensée nietzschéenne, selon laquelle le fond du réel est contradiction. En décrivant la terre où vivent les hommes comme une vallée de souffrances,

Empédocle* aurait pressenti le sens tragique de l'existence humaine. Pour Nietzsche, les choses se gâtent avec Socrate, qui, faisant de la raison le moyen exclusif de la recherche du vrai, inaugure la philosophie cérébrale qui régnera jusqu'à… Nietzsche.

Kierkegaard, au contraire, s'est intéressé tout particulièrement à Socrate. Selon Kierkegaard, en refusant d'écrire, Socrate se reliait aux autres exclusivement par la parole vivante. En demeurant obstinément dans le questionnement, c'est-à-dire en étant toujours en chemin, Socrate s'opposait à toute vérité définitive ou systématique. En pratiquant l'ironie*, il provoquait chez son interlocuteur un trouble qui, l'arrachant à son conformisme, le mettait sur le chemin de sa propre vérité. Kierkegaard voit en Socrate le précurseur du penseur existentiel. Celui-ci parle par allusions, utilise le paradoxe, parce que son but est d'éveiller l'autre à la conscience de sa liberté et de son pouvoir de forger sa vie à partir de ses décisions personnelles. Pour Kierkegaard, les choses se gâtent avec les disciples de Socrate, qui érigent leur vision rationnelle du monde en vérité universelle.

Si les figures des présocratiques et de Socrate jouent un rôle aussi important dans la quête de repères des deux pionniers de la voie existentialiste, c'est que Kierkegaard et Nietzsche proposent un nouveau commencement pour la philosophie. Aussi sont-ils fascinés par les deux origines possibles de celle-ci. En effet, les historiens débattent encore pour savoir si la « vraie philosophie » débute avec Thalès*, Anaximandre*, Parménide* ou avec Socrate, le maître de Platon. Peu importe la dispute, comme peu importe le repère que choisit un philosophe pour puiser son élan. Ce qui, en l'occurrence, nous intéresse, c'est la remontée aux sources. Les premiers penseurs avaient le regard émerveillé de l'enfant qui ne se lasse pas de découvrir le monde. Dès lors qu'il engageait un nouveau dialogue, Socrate avait la capacité de repartir de zéro. Le message de la liberté est celui-là même : chaque existence introduit dans le monde une histoire inédite.

L'école de la philosophie

Kierkegaard vient à l'étude des philosophes par le détour de la théologie, Nietzsche par celui de la philologie. Ce détour confère à leur rapport à la philosophie une coloration particulière. L'un et l'autre se tiennent à distance au point de se considérer comme « non philosophes ». L'affirmation de leur liberté de pensée est inextricablement liée à cette revendication de « non-philosophie » ou de « contre-philosophie ». Et, de fait, le lecteur de Kierkegaard ou de Nietzsche était, à l'époque, complètement dépaysé. Il devait se mettre à l'école de l'irrationnel et du paradoxe, et s'attendre à tout. Quel ne serait l'étonnement, voire la déception, de Kierkegaard et de Nietzsche, de voir figurer leurs noms et leurs œuvres dans les programmes universitaires et, en France, au concours de l'agrégation !

La nouvelle génération existentialiste est, quant à elle, nourrie au biberon de la philosophie universitaire. Heidegger et Jaspers font des études universitaires et finissent professeurs de philosophie. Sartre, Merleau-Ponty et Beauvoir sont normaliens et agrégés de philosophie. Quant à Camus, il ne peut se présenter pour des raisons de santé au concours d'agrégation auquel il s'est inscrit. La prise de distance ne se fera pas, ici, par rapport au domaine philosophique mais par rapport à la philosophie académique. Dès qu'ils peuvent vivre de leurs livres, Sartre et Beauvoir quittent l'enseignement. Merleau-Ponty poursuit jusqu'à succéder à Bergson au Collège de France mais critique sévèrement la philosophie telle qu'elle est enseignée à l'intérieur des murs des écoles. Quant à Camus, qui s'en évade aussitôt par nécessité, il opte, contre le traité philosophique, pour le roman et l'essai.

Par-delà leurs cheminements différents, tous les penseurs de l'existence se font les griffes à la lecture attentive des œuvres philosophiques de tous les temps. Des auteurs du passé, ils lisent de près Kierkegaard, Marx et Nietzsche, éminents critiques de la raison spéculative et fervents défenseurs d'une pensée ancrée dans la vie et dans l'action. Parmi les contemporains, ils lisent Husserl et Heidegger. Husserl pour son choix philosophique de décrire les choses telles qu'elles apparaissent à la conscience. Heidegger pour son idée de souligner l'homme comme un existant, un être qui se projette hors de lui-même sur fond de mort. Leurs traités et essais témoignent de leur formation à l'école des philosophes. Ils définissent, approfondissent, argumentent dans une langue qui n'est pas toujours accessible[1]. Les penseurs de l'existence, sans constituer une école, nous mettent à leur tour à l'école de la philosophie.

Se méfier des érudits et des marchands de la philosophie

La philosophie est actuellement écartelée entre deux tendances contraires. D'un côté, les spécialistes d'un sujet ou d'un auteur se drapent dans la prétendue dignité que donnent le discours abscons et l'analyse du micro-détail. De l'autre, les généralistes cherchent à rendre la philosophie accessible à tous et s'érigent en relais incontournables.

Pour comprendre une réalité complexe qui, du fait des productions humaines, le devient de plus en plus, la philosophie est absolument nécessaire. Par son regard, elle embrasse la réalité dans son unité diverse et contradictoire. Par les regards si divers des grands philosophes, la philosophie nous apprend que le sens advient de l'entrecroisement de regards différents et même contraires.

Le problème, aujourd'hui, c'est que, déboussolés, les individus sont en quête tantôt d'experts, tantôt de donneurs de sens. Or l'expert, ingénieur ou éthicien, manque de vision d'ensemble. Or le donneur de sens a le profil d'un gourou, non d'un éveilleur. Donc à chacun de construire ce qui a du sens pour lui – par lui-même.

---

1. *L'Être et le Néant, Phénoménologie de la perception, Philosophie* sont textes ardus, même pour ceux qui ont étudié la philosophie…

*Le rapport des philosophes de l'existence à la philo-
sophie nous donne la mesure. La fréquentation des
grands auteurs[1] est irremplaçable. La complexité
qu'ils approfondissent exerce notre esprit. Mais cette
fréquentation n'est agissante pour nous que si nous
l'intégrons dans l'expérience de notre vie.*

*Tous les existentialistes ont écrit des livres à la por-
tée de tous. À chacun de s'entraîner à la liberté en
se frottant à ces livres. Il n'y a pas de compréhension sans effort. Il n'y a pas de liberté sans effort.
Contrairement aux idées actuellement répandues,
l'effort n'est pas souffrance. Il est tension en vue de
se procurer de la joie par ses propres moyens.*

Maurice Merleau-Ponty

L'éveil philosophique

La liberté prend sens avec l'éveil d'une conscience
qui pense son rapport au monde d'une façon à la
fois concrète, acausale et globale. Ce mode de
pensée définit la philosophie. À rebours des
systèmes de pensée traditionnels, qui prétendent se
situer hors du monde pour découvrir la vérité, la
philosophie puise ses vérités dans les situations que
vivent les hommes. Contrairement aux sciences, qui

---

1. Les grands romanciers sont aussi, à leur manière, philosophes.
   En nous proposant une fresque de la condition humaine, de
   l'histoire et du monde ou en radiographiant une situation de
   vie, ils nous éveillent à la conscience de la complexité et nous
   éclairent dans notre propre existence.

cherchent la connaissance par les causes, la philosophie cherche à comprendre l'interdépendance mouvante de toutes choses où s'inscrivent les drames[1] des existences individuelles. Par différence avec les expertises qui se cantonnent, chacune, dans un domaine déterminé, la philosophie porte sur tout, sur cette *synchronie* qui devient présente à la conscience en invitant celle-ci à recommencer sans cesse son voyage vers la compréhension.

Le philosophe est l'homme qui s'éveille et qui parle. La philosophie advient avec tout homme qui s'ouvre à son désordre intérieur, à la communauté des alter ego embarqués dans le cours de l'histoire et en rapport à la nature. Elle advient avec un regard qui découvre que l'ambiguïté de soi dans le monde est à penser. La « vérité absolue » ne siège nulle part : la réalité est évanescente, pleine seulement quand elle est présente et présente seulement de façon fugitive. Le « libre arbitre* » n'est qu'une abstraction : la liberté se révèle dans mon contact avec le monde humain et les situations mouvantes que ce contact crée. La philosophie est inséparable du philosophe, et ce philosophe peut être chacun d'entre nous.

À condition qu'il use de sa liberté pour *voir* et pour *penser*. C'est alors que, à notre conscience éveillée et vigilante, *la philosophie [...] révèle le mouvement par lequel nos vies deviennent des vérités*. La vérité

---

1. Au sens littéral, le mot « drame » (du verbe grec *drân* = « agir ») signifie « ensemble d'actes ». C'est la mise en relation entre drame (œuvre théâtrale) et tragédie qui nous porte à identifier drame et tragédie.

de notre vie se dévoile dans le va-et-vient des faits aux idées et des idées aux faits. Elle s'obtient par notre effort de penser notre dépendance à la nature, à la culture et à l'histoire, terreau de nos situations. Penser nos dépendances, c'est penser notre expérience comme un tout problématique où notre liberté émerge des contraintes et où notre vérité personnelle se découvre sur fond d'abîme inconnaissable. Le philosophe sait qu'il ne sait rien. Ceci fait la liberté de son regard, neuf à chaque fois qu'il regarde le monde. Ceci fait la liberté de sa vie, puisque par chacun de ses actes il initie quelque chose de nouveau dans le monde.

Éloge de la philosophie

Dans son cours inaugural au Collège de France, où il prend la succession de Bergson, Merleau-Ponty fait l'éloge de la philosophie vivante. Bergson disait que si les philosophes ont rédigé des ouvrages inaccessibles au commun des mortels, c'est pour avoir tenté d'exprimer par des concepts l'intuition simple par laquelle la vie devient une vérité à vivre. Instruit à l'école de la philosophie académique, Merleau-Ponty constate que la philosophie mise dans les livres a cessé d'interpeller les hommes. Et, soulignant un paradoxe, il pose une vraie question. Si tous ces auteurs de systèmes ont reconnu comme maître Socrate[1], n'est-ce pas qu'ils ont senti que la vraie philosophie n'est pas dans les livres mais dans l'expérience de la vie ?

---

1. À l'exception de Nietzsche. À moins de mettre en évidence le lien intime qui unit la haine et l'amour. En s'attaquant à Socrate, Nietzsche focalise l'attention sur lui.

Socrate refuse d'écrire pour choisir la parole qui relie à l'autre. Socrate refuse de construire une représentation du monde pour choisir le questionnement ouvert sur des situations singulières. Socrate refuse de fuir la condamnation injuste de ses juges pour mourir de la vérité qui l'a fait vivre. Cherchant à comprendre le sens de l'oracle de Delphes, qui le désigne comme le plus sage des Athéniens, Socrate prend conscience que sa sagesse consiste dans le fait qu'il sait qu'il ne sait rien. Cette interprétation ironique donne le ton de la philosophie existentielle. Celle-ci *boite*, et sa claudication constitue sa vertu. En effet, c'est parce qu'il n'y a pas de savoir absolu et que toute connaissance est provisoire et inachevée que nous sommes *ouverts à la vérité*.

La vérité n'est pas la connaissance mais le sens. Le sens est conjointement compréhension personnelle de ce que je suis en train de vivre en tant qu'individu embarqué dans l'histoire et action en accord avec cette compréhension. L'action transforme ma compréhension en appel lancé aux autres hommes. Le sens de Socrate est dans une existence qui ne cesse de dénoncer l'hypocrisie et l'injustice et dans son libre engagement jusqu'au bout. Tel n'est pas le cas de Descartes, qui choisit de se taire lorsque le Saint-Office accuse Galilée* d'impiété. La vérité philosophique, toujours incarnée dans la chair d'un homme mortel, est toujours praxique* : elle s'accomplit dans l'acte qui exprime la parole, dans l'engagement qui traduit la pensée.[1]

---

1. Les ouvrages utilisés sont *Éloge de la philosophie* et *Signes.*

Retrouver le sens par la philosophie

Nous sommes actuellement pris dans un courant d'air desséchant. Au travail, nous n'avons plus le temps de réfléchir, nous faisons sans penser. Travailleurs ou étudiants, nous sommes saturés d'informations prétendues utiles. En voyage de loisir, nous photographions avant de voir et faisons encore au lieu de contempler.

Le travail nous vide. La vacuité des vacances recharge nos batteries. Nous sommes pris dans un engrenage de vidanges qui empêchent notre pensée de s'éveiller. Le sommeil de notre pensée n'apporte pas le repos. Impensée, notre vie nous stresse.

En disant qu'est philosophe l'homme qui s'éveille et qui dialogue, Merleau-Ponty nous rappelle ce que notre société de la rentabilité et des congés a évacué. Nous sommes des êtres dotés de la faculté de transformer nos existences en réalités significatives.

Nous sommes des êtres qui, dès lors qu'ils exercent leur pensée, prennent conscience de leurs dépendances et choisissent les distances qui permettent de vivre sans s'enliser ni fuir. Philosopher, c'est réapprendre la liberté.

Nous sommes des êtres de sens que le non-sens détruit. Notre société nous saoule d'absurdités. Elle appelle « vraie vie » celle que le marché régit, renvoyant nos rêveries au royaume des ombres. Philosopher, c'est découvrir ce qui fait que ma vie est une vraie vie. Philosopher réhabilite le rêve.

Karl Jaspers

L'indépendance philosophique

La liberté d'un homme devient effective dès lors que celui-ci jette un regard désintéressé sur les choses. Ce qui lui semblait jusqu'alors évident cesse de l'être. Les étoiles, les rivières, les oiseaux, les avions, les autres deviennent des réalités étonnantes. Qu'est-ce que tout cela ? Quel est le sens de ce que je perçois ? se demande-t-il avec l'émerveillement de l'enfant. La liberté surgit là où l'homme s'éveille. Cet éveil est l'origine de la philosophie. Non pas de la philosophie comme élaboration intellectuelle d'une représentation du monde, mais la philosophie comme attitude personnelle face à l'existence et au mystère qui, de toutes parts, l'enveloppe.

Philosopher, c'est s'étonner, questionner, douter, découvrir la faiblesse de l'homme et la sienne propre. Philosopher, c'est remettre en cause les idées reçues, deviner les limites de la connaissance scientifique, rencontrer l'énigme de la vie, se confronter à ses limites, découvrir la solitude du moi… et rebondir à partir de là. « Comment puis-je me tirer d'affaire ? Comment ne pas dépendre de mes peurs, des autres, des situations ? » Comment, en somme, être libre malgré tout ce qui me limite et me déstabilise ? La philosophie existentielle consiste à lutter, en toute circonstance, pour l'*indépendance intérieure*. Cette indépendance est tout le contraire d'un retrait. Elle se confronte aux difficultés du monde auquel nous sommes inextricablement mêlés. Vivre libre, c'est s'attacher absolument à ce qui transcende le monde – à ce qui, sans se montrer, fonde la réalité en l'*englobant*[1]. C'est cela qui permet de posséder sans être possédé.

Concrètement, l'indépendance philosophique consiste à n'adhérer à aucune école philosophique. À ne pas accumuler un savoir philosophique, mais à rechercher le sens de notre condition en engageant une communication inconditionnelle avec autrui. À assumer ce que j'ai été, à tirer leçon du passé, à m'ouvrir à tous les possibles. À ne jamais cesser de grandir à travers mon histoire particulière et à travers les penseurs qui ont cherché à comprendre le sens de l'existence. À me comporter comme un citoyen du monde. À savoir que j'ai à m'entraîner inlassablement à cette indépendance mais que je ne pourrai jamais la posséder...

La foi philosophique

Tout homme en quête permanente de cette forme d'indépendance est philosophe. En face de la religion et de l'athéisme, l'individu philosophe vit de sa propre foi. Il se sait en relation avec la chaîne des chercheurs de vérités, avec ceux qui se sont appliqués à éclairer l'existence et à vivre libres. Il sait que *les maillons brillants de cette chaîne sont les quelques grands philosophes qui, ne désirant aucun*

---

1. Jaspers emploie le terme *englobant* pour désigner la source invisible dans laquelle puise la pensée qui cherche à comprendre une situation. *L'englobant* n'est ni un concept ni un acte intellectuel, mais le lien invisible qui relie un sujet pensant à l'objet de sa pensée, lien qui passe toujours par la communication avec les autres.

disciple, tendent le flambeau à celui qui le saisit spontanément. L'homme en quête de liberté sait aussi que la construction de sa liberté naît de la *communication existentielle*, cet échange à cœur ouvert avec ceux qui, comme lui, recherchent le sens de leur condition d'homme et de leur vie individuelle sans redouter de s'exposer à autrui avec leurs faiblesses.

La *foi philosophique* réside dans la certitude inhérente au cheminement philosophique : seul à assumer son existence mortelle, l'individu est entouré d'amis passés et présents dès lors qu'il cherche à découvrir le sens qui le libère. La foi philosophique est l'énergie par laquelle chacun d'entre nous découvre et produit *sa transcendance* : individu unique et historiquement situé, je conquiers, à travers la multiplicité des situations empiriques auxquelles je suis confronté, *la position dans laquelle l'homme est homme*. Cette position advient avec une prise de conscience : me laisser absorber par des tâches immédiates et des objectifs définis, c'est démissionner de mon humanité. Elle s'exprime par ma capacité de traverser mon histoire et mon époque particulières pour sentir, à travers l'expérience de celles-ci, l'unité de l'histoire humaine et le sens secret qui la fonde[1].

En somme, la foi philosophique est ce qui nous porte à *oser être des hommes* et à faire notre possible pour approfondir cette condition humaine jusqu'à y

---

1. Il y a, chez Jaspers, un fond de mysticisme non religieux : l'individu philosophe décode les signes du sens, nommés *chiffres* de l'être.

trouver la liberté dont nous sommes capables. *Ainsi, nous souffrirons sans nous lamenter, nous désespérerons sans sombrer, nous serons secoués sans être renversés.* Quelque chose viendra toujours à notre secours pour nous faire rebondir et mûrir. Nous répondrons aux exigences de chaque jour et porterons notre existence difficile et mortelle en maintenant vivante en nous l'étincelle d'éternité jaillie de notre éveil philosophique.[1]

Retrouver sa posture d'homme par la philosophie

En progressant, les neurosciences cherchent à réduire l'écart entre l'exercice de notre pensée et son support cérébral. En se répandant, les psychologies comportementalistes et les approches neurolinguistiques nous font croire que les conduites individuelles se ramènent à quelques lois générales et sont, de ce fait, décodables et programmables.

La montée de l'indifférence religieuse et de l'athéisme dans nos sociétés dites développées contraste avec la montée des intégrismes. Le monde est partagé entre la foi en la souveraineté de la raison[2] et les fanatismes religieux. Cet étrange partage trouble nos repères.

Pendant que les explications rationalistes de notre condition suppriment la question du sens, les

---

1. Les ouvrages utilisés sont *Introduction à la philosophie* et *Raison et existence.*
2. Cette foi définit le positivisme, que son fondateur, Auguste Comte (1798-1857), considérait paradoxalement comme une religion, la *religion positiviste.*

athéismes crient au non-sens et les religions au sens unique. En introduisant la foi philosophique, Jaspers nous ouvre une nouvelle voie.

Cette voie est celle de notre humanité. Nous sommes des animaux qui pensent. Nous ne sommes pas des dieux. Nous sommes mortels, mais nous le savons. Notre existence est irréductible au processus biologique dont elle dépend. Notre pensée est irréductible au cerveau sans lequel elle n'est pas.

C'est dans cette irréductibilité que résident notre spécificité et notre ressource. Cette irréductibilité est la source de notre liberté. « Je suis un être humain. » Cela suffit pour que je sente ma force et que je ne me laisse jamais asservir.

Et pour ne pas conclure...

Avec les philosophes de l'existence, la philosophie puise sa source dans l'échange intersubjectif et son sens dans l'engagement avec les autres pour une humanité moins injuste et plus solidaire. Ce faisant, la philosophie redevient la compagne et l'affaire de chacun. C'est une philosophie qui ne donne pas de leçons, mais qui, au contraire, invite chacun à choisir dans le vif des situations concrètes et dans le respect des autres. Une philosophie qui ne tourne pas le dos à l'actualité, mais qui, au contraire, demande à chacun de penser lucidement les événements et de prendre position en fonction de sa lucidité et de l'intérêt des autres. Une philosophie qui franchit les murs des lycées et des universités pour s'adresser à l'individu, dans sa relation avec les autres et l'ensemble du monde dans lequel il vit.

Si la philosophie existentialiste ne dédaigne pas ce lieu de rencontre qu'est le café, c'est qu'elle croit en la fertilité de la rencontre. Si elle daigne s'exprimer par le théâtre, le roman, l'article de journal, le message radiophonique, c'est qu'elle veut démultiplier les courroies de transmission et tous les moyens de déploiement de la pensée. Si elle décrit les faiblesses et les limites auxquelles se heurtent les hommes, c'est qu'elle met sa confiance dans l'imperfection humaine elle-même. À sa manière, elle renoue avec Socrate, qui faisait de la philosophie dans la rue. À sa manière, elle renoue avec les philosophes des Lumières, qui cherchaient à rendre les connaissances accessibles à tous, écrivaient des contes philosophiques et prenaient politiquement parti pour la liberté. À sa manière, elle annonce le mouvement pour une philosophie accessible à tous telle qu'elle est en train de se développer aujourd'hui.

Kierkegaard faisait des sermons édifiants qu'il adressait simplement à tous. Sartre, Beauvoir, Camus échangeaient simplement avec ceux qui les abordaient. Merleau-Ponty exposait simplement les courants complexes de la pensée au public non philosophique du Collège de France. Jaspers pratiquait la communication existentielle, qu'il distinguait très nettement de la psychothérapie. Pour tous, la philosophie était à la fois une réflexion sur le monde et une pratique. Pour tous, engagés auprès de leurs proches contemporains avec la conscience de la responsabilité que l'homme a vis-à-vis de l'histoire, la philosophie était citoyenne, à la fois citoyenne de son pays et citoyenne du monde. On peut ne pas comprendre de prime abord l'engouement prolongé de certains pour le communisme à une époque où celui-ci était totalitaire.[1] Mais on doit dépasser cette réaction légitime en posant le regard sur la tournure prise par le néolibéralisme*. Sans doute, les philosophes de l'existence avaient pressenti les risques contenus dans un système qui confond la liberté responsable et le libre accès aux marchandises pour ceux qui en ont les moyens.

Il n'y a pas de philosophie pure, les philosophes existentialistes l'ont tous souligné. Quoi qu'il choisisse, l'homme embarqué dans le monde se salit les mains, car il n'y a pas de choix absolument bon. La conscience de cette impureté inéluctable préserve, justement, des inquisitions, épurations et autres ravages que les hommes s'infligent par désir de pureté éthique, religieuse, sociale, raciale ou politique. Dénonçant les idéaux inaccessibles et morti-

---

1. Il s'agit surtout de Sartre, qui maintient son engagement au parti communiste jusqu'en 1956, alors même qu'il a pris connaissance des crimes staliniens. Contre Camus, qui condamne le régime en raison de ses actes, Sartre affirme qu'il est philosophiquement inadmissible d'abandonner l'engagement pour la révolution communiste en utilisant comme arguments les faits. Cette opposition éloignera Camus de Sartre. Contre Merleau-Ponty, qui condamne philosophiquement le terrorisme révolutionnaire, Sartre maintient la légitimité de cette violence. Mais il faut relever que, par-delà ces désaccords, tous les philosophes de l'existence se sont engagés contre les systèmes totalisants et totalitaires. Kierkegaard s'est engagé contre l'Église dogmatique ; Nietzsche a dit que l'État, quel qu'en soit le régime, est *le plus froid des monstres froids* ; Jaspers, exilé en Suisse en raison de la confession juive de sa femme, prend parti sur les questions de la culpabilité allemande et de la bombe atomique ; Camus et Sartre s'engagent dans la Résistance ; Beauvoir dénonce sans relâche les systèmes totalitaires ; Sartre, Merleau-Ponty et Camus dénoncent l'hypocrisie de l' « humanisme » des sociétés capitalistes, humanisme dont ne bénéficient que les privilégiés du système.

fères en même temps que les attitudes de résignation et d'abstention, les penseurs de l'existence ont tous pris la défense des opprimés en relevant, par ailleurs, la responsabilité de ceux-ci dans la perpétuation de l'oppression subie. Car il n'y a pas non plus de situation où il y a, d'un côté, les victimes et, de l'autre, les oppresseurs. Toute relation humaine est dialectique*, fondée sur un rapport de forces qui s'alimentent entre elles.

Vivre libre est à la fois une donnée et une conquête. La liberté est une donnée, car la conscience est déjà liberté puisqu'elle transcende l'immédiateté des faits en se projetant hors du présent et en frayant, par ses choix successifs, son propre chemin parmi les choses. Tu es libre, donc tu peux ! disent à chacun d'entre nous les penseurs de l'existence. Vivre libre est une conquête, parce que la possibilité a besoin d'une prise de conscience et d'un effort pour devenir effective et pour s'inscrire dans la durée. Tu peux vivre libre grâce à tes limites et à tes contraintes ! nous disent les philosophes de l'existence, en nous signalant que la source de notre courage est dans cela même qui, au premier abord, tend à nous décourager. Tu dois vivre libre en tenant compte de la liberté des autres ! Cette dernière recommandation ouvre la voie d'une éthique fondée sur le sens de la responsabilité de chacun.

La philosophie que les existentialistes pensent et vivent est sur une route à plusieurs voies. La route est celle du monde vécu, où s'entremêlent le quotidien banal et le tragique de l'histoire, les vécus individuels et la vie humaine commune à tous. La route est aussi celle d'un monde qui a besoin d'un choix fondamental de valeurs pour être un monde vivable par tous et pour tous. Les voies sont celles que trace chacun, avec sa particularité personnelle. Kierkegaard, Jaspers, Sartre, Beauvoir, Camus, Merleau-Ponty... À nous de frayer nos voies pour vivre et faire vivre la liberté dans un monde indifférent autant par son étrangeté inhérente que par l'insensibilité que nos égoïsmes forcenés ajoutent au fil des jours.

Et, à force de vivre et de faire vivre la liberté dans une société où l'individualisme l'emporte sur la solidarité et la lâcheté sur le courage, peut-être préparerons-nous, au jour le jour à petits pas, l'avènement d'un monde moins froid et moins injuste... *L'homme est l'avenir de l'homme.*[1] Nous avons à réinventer notre humanité.[2]

---

1. Francis Ponge, cité par Sartre.
2. C'est à cette réinvention que nous invite une lecture philosophique de la crise actuelle. Nous sommes en train de vivre une « crise de l'humanité » et non une crise simplement financière et économique, ainsi que les puissances officielles ou anonymes, nous incitent à le croire. Situés à un tournant décisif de notre histoire, nous pouvons choisir l'aventure d'un nouveau commencement.

Glossaire
des concepts et des courants
des auteurs et des ouvrages

Concepts et courants

Anthropologie

Littéralement : science de l'homme.

Science humaine qui étudie l'homme dans sa dimension sociale et culturelle. Plus particulièrement, l'anthropologie s'intéresse aux pratiques et aux représentations par lesquelles les hommes d'une culture donnée vivent et pensent leur rapport à la condition humaine – à la naissance, à la mort, à la règle, à la parenté, etc. À un premier niveau, l'anthropologie constate et décrit la diversité des modes de vie et est très proche de l'ethnologie. À son niveau radical, l'anthropologie recherche, par-delà la diversité des coutumes, les invariants sous-jacents à toutes les cultures.

Destin

Puissance surnaturelle qui, déterminant à l'avance le cours des choses, prive l'homme de tout pouvoir de modifier ce qui est déjà écrit. Les représentations du monde qui affirment le destin sont appelées fatalistes, de *fatum,* qui est le terme latin signifiant « destin ». Le mot « destin » est aussi utilisé pour qualifier ce qu'il est impossible de changer. Quand André Malraux dit que *la mort transforme la vie en destin*, il signifie qu'à notre mort l'existence que nous avons construite est tout entière écrite.

Déterminisme

Théorie selon laquelle la réalité – que ce soit l'Univers, la société ou l'histoire – est régie par des lois qui relient entre eux les faits par des liens de cause à effet. Le déterminisme affirme que les relations causales sont irréductibles et font que les mêmes causes produisent invariablement les mêmes effets. La physique classique est déterministe : elle affirme que l'ordre de la Nature est immuable et que la connaissance des causes permet de prévoir leurs effets.

Déterminisme historique

Théorie de Marx comportant plusieurs volets interconnectés. Premier volet : les règles juridiques et représentations intellectuelles – la « superstructure » idéologique de la société – sont déterminées par les rapports de production – l'« infrastructure » économique. Deuxième volet : le mouvement de l'histoire puise sa source dans le dépassement permanent de la lutte entre la classe économiquement dominante et la classe économiquement exploitée. Troisième volet : l'histoire a un sens – une orientation, une finalité – déterminé et ce sens est l'avènement d'une société sans classes dans laquelle le moyen d'échange n'est plus l'argent.

Dialectique

Démarche de la pensée qui, à la recherche de la vérité, avance par étapes en dépassant les contradictions. Le mot « dialectique » (synonyme de « dialogue ») est inventé par Platon pour désigner le cheminement de la pensée qui s'élève progressivement vers le monde des Idées. Ce même terme est repris par Hegel pour désigner le mouvement même de l'histoire, dont le ressort est, selon lui, le conflit. Toute réalité historique se déploierait selon trois étapes : thèse, ou affirmation d'une situation ; antithèse, ou situation entrant en conflit avec l'état précédent ; synthèse, étape à la fois finale et provisoire qui, dépassant le conflit, conduit à l'affirmation d'une nouvelle situation. Pour Hegel, le mouvement dialectique de l'histoire est l'expression de la marche de l'Esprit. Marx reprend l'idée hégélienne en mettant la Matière, c'est-à-dire les forces et les formes de la production, à la place de l'Esprit.

Dogmatisme

Posture religieuse et philosophique fondée sur la conviction que les idées qu'elle avance sont absolument vraies et qui n'admet, pour cela même, aucune critique. Cette attitude s'oppose au scepticisme.

Empirique/empirisme

Est empirique ce qui relève de l'expérience sensible, celle qui nous vient de la perception, elle-même construite à partir de nos cinq sens. L'empirisme est la théorie philosophique qui affirme que toutes nos idées, même celles qui nous semblent le plus éloignées de l'expérience sensible – l'idée de perfection, par exemple – ont leur origine dans notre perception. À l'empirisme s'opposent l'intellectualisme et l'idéalisme. Quand Descartes dit que l'idée de perfection fait partie de notre esprit, il admet que cette idée nous vient d'un ailleurs situé hors du monde que perçoivent nos sens. Quand Feuerbach dit que l'idée de perfection naît dans notre esprit des insatisfactions que nous procure notre expérience des imperfections, il pose l'origine empirique de l'idée de perfection.

Éternel retour

Idée de Nietzsche selon laquelle le monde dans lequel nous vivons revient, le même, indéfiniment. Cela signifie que tout ce que nous vivons, nous l'avons déjà vécu une infinité de fois et nous le vivrons une infinité de fois encore. L'idée d'un éternel retour de l'Univers existe chez les stoïciens, qui pensent qu'après une conflagration générale où tout est détruit, le monde recommence. Chez Nietzsche, cette idée prend l'allure d'une foi profonde, à double signification. Métaphysiquement, elle permet à Nietzsche de retrouver, par-delà sa négation de la religion chrétienne, une certaine forme d'éternité. Éthiquement, elle permet à Nietzsche de donner aux choix que nous faisons une densité extrême : demande-toi, avant d'agir, si tu pourras revivre une infinité de fois ce que tu es en train de vouloir maintenant.

Ironie

Attitude intellectuelle qui tourne en dérision ce qu'elle estime soit irrecevable sur le plan de la vérité ou de la morale, soit insupportable à envisager frontalement. À la différence de l'humour, qui se moque gentiment des choses, l'ironie met celles-ci radicalement en question jusqu'à mettre en cause les personnes. Socrate pratique l'ironie : en plaçant son interlocuteur en contradiction avec lui-même, il l'accule à admettre son erreur en même temps qu'il inflige une humiliation à son ego.

Libre arbitre

Pouvoir propre à la volonté de choisir ou de ne pas choisir. Le libre arbitre se manifeste aussi bien dans les situations où le choix est indifférent que dans celles où il est déterminant. Dans le premier cas, il coïncide avec la « liberté d'indifférence » attribuée à l'âne de Buridan, aussi assoiffé qu'affamé, mort de faim pour n'avoir pu choisir entre un sac d'avoine et un seau d'eau. Dans le deuxième cas, il se transforme en acte de liberté qui modifie le cours de notre journée ou de notre existence.

Marxisme

Ce terme recouvre des courants de pensée et des pratiques qui se revendiquent de la pensée de Marx ou qu'on attribue à l'influence de la pensée de Marx. Il s'agit d'une appellation intellectuellement dangereuse dans la mesure où elle fait porter à Marx la responsabilité de l'usage que ses successeurs ont fait de sa pensée. Le stalinisme est qualifié de marxisme, alors même que Marx a condamné d'avance toute application qui, au nom d'un idéal, trahit cet idéal. Pour désigner les courants et les pratiques inspirées de l'œuvre de Marx, il est préférable d'utiliser l'adjectif « marxien ».

Métaphysique

Branche de la philosophie qui porte sur tout ce qui échappe à l'observation et à l'expérience physiques. Plus précisément, la métaphysique est une démarche rationnelle qui cherche à fonder la réalité empirique* sur des fondations invisibles transcendantes* et qui cherche à répondre à des questions insolubles comme : Dieu existe-t-il ? Y a-t-il une origine de la réalité ? L'homme est-il libre ? L'auteur du concept, mais aussi de la démarche, est Aristote, lequel d'ailleurs prétend, comme tous les métaphysiciens, découvrir la vérité sur les principes de la réalité. Kant entreprend la critique de la métaphysique en affirmant que la raison divague dès lors qu'elle sort du champ de l'expérience empirique. Nous pouvons dire que la métaphysique en tant que branche de la philosophie est, pour le moment du moins, laissée de côté, mais que, en revanche, il existera des besoins et des questions métaphysiques tant qu'il y aura des hommes.

Néolibéralisme

Doctrine politique, apparue dans les années 1970, qui n'accepte qu'une intervention très limitée des États dans le domaine économique et financier. Le néolibéralisme est l'expression outrancière du libéralisme politique et économique du XIXe siècle, qui fonde le libre échange sur la protection, par l'État, des libertés individuelles. Le néolibéralisme tend à faire du marché le critère et le régulateur de toutes choses.

Nihilisme

Attitude intellectuelle qui, refusant tout principe absolu et considérant que toutes les valeurs se valent, pose le non-sens aussi bien des principes moraux que de l'existence.

Ontologie

Branche de la philosophie qui étudie l'Être, fondement invisible de la réalité. L'invention de l'ontologie revient à Parménide*, et celle du concept à Aristote, qui définit l'ontologie comme *la science de l'être en tant qu'être*.

Personnalisme

Courant philosophique du XXe siècle qui érige la personne en valeur suprême. Dans le sillage de la pensée chrétienne, qui fait de chaque individu un enfant de Dieu, et de la morale kantienne, qui nous enjoint de respecter inconditionnellement tout individu humain, le personnalisme insiste conjointement sur la liberté individuelle et sur la nécessité du respect mutuel. Charles Renouvier (1815-1903) et Emmanuel Mounier sont des personnalistes.

Phénoménologie

Comme l'origine du mot grec *phainomenon* le suggère, la phénoménologie est réflexion sur les phénomènes, sur la manière dont la réalité nous apparaît. Hegel appelle *Phénoménologie de l'esprit* l'un de ses ouvrages fondamentaux où il présente la démarche philosophique comme le lieu où se révèle progressivement l'essence ou la vérité de la réalité dans sa totalité. Mais la phénoménologie désigne surtout la méthode philosophique, inaugurée par Edmund Husserl. Celle-ci consiste à ne plus s'intéresser à ce qui est au-delà de ce que nous pouvons percevoir, mais à *revenir aux choses mêmes*, aux choses telles qu'elles apparaissent à notre conscience, et à décrire patiemment le lien qui s'établit entre notre conscience et le monde de la vie.

Praxique

Comme le mot grec *praxis* (« action ») l'indique, est qualifié de praxique tout ce qui est relatif à l'action, au sens fort : action morale ou politique ayant des répercussions sociales et historiques.

Présocratiques

Nom donné aux penseurs qui précèdent Socrate. Nous leur devons la naissance de la démarche rationnelle pour expliquer la réalité. Cette démarche étant utilisée à la fois pour connaître le fondement invisible du réel et le principe de la Nature, les présocratiques sont à la fois des philosophes et des physiciens. Le premier d'entre eux est Thalès. Les plus importants sont Thalès, Anaxagore, Anaximandre, Parménide, Héraclite, Empédocle, Démocrite. Font partie des présocratiques des sophistes de talent comme Protagoras, Gorgias et Prodicos.

Rationalisme

Théorie et courant philosophiques qui attribuent à la raison la capacité de connaître et de gérer l'ensemble de la réalité. Dans le sillage de la prise de conscience des limites de la raison, qui a eu lieu grâce à Kant et à toute une série d'autres auteurs, nous appelons aujourd'hui rationalisme l'usage excessif de la raison.

Relativité (théorie de la)

Théorie physique d'Albert Einstein (1879-1955). Par différence avec la physique classique fondée par Newton et Galilée, Einstein affirme que le temps et l'espace ne sont pas deux entités séparées, mais les deux volets d'une même réalité quadridimensionnelle, l'espace-temps. Relatifs l'un à l'autre, l'espace et le temps sont également relatifs au point de vue auquel se place l'observateur pour les mesurer. Einstein pose aussi que la matière est énergie et que, lorsque la vitesse d'une réalité physique se rapproche de la vitesse de la lumière, la masse de cette réalité tend à se transformer en énergie.

Sacré

Ce qui est relatif au mystère et qui, de ce fait, est inaccessible à nos moyens ordinaires de connaître que sont la perception et la compréhension rationnelle. Relevant d'un tout autre ordre que celui qui nous est quotidien et familier, le sacré suscite en nous le sentiment ambivalent de la fascination et de l'effroi. On peut éprouver le sentiment du sacré indépendamment de toute foi religieuse.

Solipsisme

Théorie selon laquelle le moi individuel est toute la réalité et qu'il est impossible à chacun d'entre nous de connaître une autre réalité que la sienne propre. Dans la première étape de ses *Méditations,* quand il cherche la vérité dans la solitude de sa conscience, Descartes est solipsiste.

Stoïcisme

École et courant philosophique créés, au IIIe siècle av. J.-C., par Zénon de Citium. Le stoïcisme affirme l'unité de la réalité, l'ordre du monde et le destin : matière et esprit sont les deux faces d'une même réalité, l'Univers obéit à des lois immuables, le cours de nos vies est prédéterminé par le destin. La morale stoïcienne, qui perdure à travers les âges jusqu'à nos jours, nous prescrit de ne pas résister à ce qui ne dépend pas de nous mais, au contraire, de nous entraîner à accorder nos désirs à l'ordre des choses.

Structuralisme

Démarche inaugurée par le linguiste Ferdinand de Saussure (1857-1913). Selon cette approche, la langue est un système dont les éléments sont reliés les uns aux autres par des relations d'opposition et d'équivalence et ne prennent sens qu'au travers de ces relations. L'ensemble de ces relations coïncide avec la « structure ». Cette démarche est reprise et transformée par Claude Lévi-Strauss pour expliquer les phénomènes sociaux. Lévi-Strauss envisage les faits sociaux et coutumes – alliances, mythes et rites, façons de se nourrir… – comme des systèmes dont les éléments se relient en obéissant à une structure sous-jacente, c'est-à-dire ignorée par les consciences individuelles.

Subatomique

Domaine de la physique étudiant l'infiniment petit, c'est-à-dire les microparticules issues de la fission de l'atome.

Surhumain/surhomme

Concept forgé par Nietzsche pour désigner l'être qui succédera à l'homme, considéré comme un être qui va et qui doit être surmonté. Le surhomme est une figure énigmatique, utilisée indirectement pour stigmatiser la médiocrité humaine. On peut cependant deviner qu'il s'agit d'un être à l'esprit fortement créateur, ayant le courage de ses grands désirs et libre de tout préjugé.

Systémisme ou théorie systémique

Théorie selon laquelle toute réalité est un réseau d'éléments et de facteurs interdépendants, reliés par des interactions et rétroactions permanentes. Cette manière d'envisager la réalité s'oppose à l'idée de causalité linéaire : les choses sont à la fois « causées et causantes », puisque les effets rétroagissent sur les causes. Elle s'oppose également à l'idée de l'objectivité du sujet pensant et agissant : le sujet fait partie de la situation qu'il observe, de telle sorte que son observation modifie nécessairement la situation observée, qui le modifie en retour. Elle est enfin indissociable de l'idée de complexité : la réalité est composée d'une multitude de forces différentes et contradictoires qui, agissant et rétroagissant les unes sur les autres, forment une dynamique à l'évolution incertaine.

Transcender/transcendance

Transcender est l'acte par lequel nous nous distançons de la situation immédiate pour la penser – nous sortons mentalement hors d'elle pour la surplomber. Transcender, c'est s'extraire et dépasser en se situant à un point de vue extérieur et supérieur, un point de vue « méta ». La transcendance désigne le statut de toute réalité qui dépasse ainsi la réalité empirique – les Idées de Platon, le Premier Moteur d'Aristote, le Dieu de Descartes… Comme il est impossible de prouver l'existence d'une telle réalité, l'affirmation de la transcendance reste une prise de position théorique.

Auteurs

Anaximandre

Physicien et philosophe du VIe siècle av. J.-C., Anaximandre de Milet, dont nous n'avons que très peu de fragments, fait de l'illimité, du non-fini, le principe de toutes choses. Cette façon de voir le fondement du réel, commune aux physiciens d'Ionie, est une rationalisation du chaos, abîme dont Hésiode fait émerger le cosmos.

Empédocle

Philosophe et poète grec du Ve siècle av. J.-C., Empédocle d'Agrigente pense que le réel est régi par deux principes, la Discorde et l'Amitié. L'histoire de l'Univers est déterminée tantôt par la victoire de la Discorde, tantôt par celle de l'Amitié, tantôt par l'équilibre des deux. Notre histoire individuelle dépend de la façon dont chacun d'entre nous se situe par rapport à ces principes. Le but du sage est de se purifier de la Discorde et de s'élever progressivement, au-delà de la connaissance de ces deux principes, à la contemplation du fondement unique de tout ce qui est.

Galilée

Physicien, mathématicien et astronome italien du XVIIe siècle, Galileo Galilei est le fondateur de la science expérimentale. Il est, en effet, le premier à utiliser des outils techniques pour vérifier les hypothèses de la raison et à introduire les mathématiques dans la description des faits naturels. Nous lui devons, entre autres, la loi de la chute des corps et la loi de composition des vitesses. Par ailleurs, contre la vision héliocentrique de l'Univers, Galilée affirme que la Terre est une planète qui tourne autour du Soleil. Condamné par l'Inquisition, il abjure le contenu de ses écrits.

Hegel

Philosophe allemand du XIXe siècle, Hegel est à la fois le dernier des philosophes classiques et le premier des philosophes modernes. Il est le dernier à construire un système d'explication exhaustif de la totalité du réel et à attribuer à la raison la capacité de connaître l'ensemble de la réalité. Il est le premier à penser la réalité comme un processus historique dont le moteur d'évolution est le conflit entre forces antagonistes. Il occupe une place cruciale dans l'histoire de la pensée moderne, qui se construit dans le prolongement de sa philosophie dialectique ou en opposition avec celle-ci.

Héraclite

Philosophe grec du VIe siècle av. J.-C., Héraclite d'Ephèse pense que la réalité est perpétuel mouvement, que ce mouvement est une tension permanente entre forces antagonistes et que cette tension exprime une harmonie cachée. Le principe de cette harmonie est appelé *Logos*, raison ordonnatrice de toutes choses. La pensée relie chacun d'entre nous au Logos universel, sans pour autant nous donner une connaissance claire de la réalité, qui demeure pour nous toujours ambiguë, comme le sont les paroles de l'oracle de Delphes.

Marx

Philosophe et économiste allemand, Marx mène la critique du système capitaliste et prévoit que celui-ci finira par périr de ses propres contradictions. Indigné face à l'exploitation des ouvriers par les patrons, il veut accélérer le déclin du capitalisme et préconise la révolution communiste. À ses yeux, la dictature du prolétariat est la dernière étape avant l'avènement d'une société sans classes sociales et sans argent, où le travail de chacun est le moyen à la fois de sa réalisation personnelle et de l'accomplissement de l'intérêt collectif.

Newton

Physicien et mathématicien anglais du tournant du XVIIe au XVIIIe siècle, Isaac Newton élabore les grands principes de la physique scientifique. Surtout connu pour sa découverte de la loi de la gravitation universelle, il pose, en parallèle avec le philosophe Leibniz (1646-1716), les bases du calcul différentiel. Newton promeut un modèle scientifique selon lequel la Nature est un ensemble ordonné, soumis à des lois immuables dont la connaissance permet la prévision. Ce modèle est mis en cause au XXe siècle simultanément par la théorie einsteinienne de la relativité et la physique quantique.

Platon

Premier philosophe à aborder méthodiquement toutes les questions fondamentales, Platon est surtout connu pour sa théorie des Idées, associée à celle de l'immortalité de l'âme : les choses que perçoivent nos sens sont les copies imparfaites des Idées, qui sont des formes parfaites, immatérielles et éternelles, accessibles seulement à notre esprit, qui est séparé du corps et survit à celui-ci. Mais Platon est fondamentalement un penseur politique, qui préconise un régime juste régi par des philosophes et, à défaut, par des lois élaborées par les philosophes.

Thalès

Physicien et mathématicien grec du VIe siècle av. J.-C., Thalès de Milet affirme que le principe de toutes choses est l'eau. Parallèlement, il invente la première mesure exacte du temps ; il est le premier à avoir prévu l'éclipse de la Lune et est à l'origine de quelques théorèmes géométriques.

Ouvrages

La Chute

Jean-Baptiste Clamence ne fait rien pour empêcher la mort d'un homme. Le constat de sa propre indifférence constitue le point de départ d'une prise de conscience dans laquelle il se positionne lui-même comme un *juge-pénitent*. Avocat, il pensait les autres coupables, alors que son expérience lui révèle qu'il est lui-même coupable. Devenu lucide, il se rend compte que tous les hommes sont coupables de lâcheté tant qu'ils restent prisonniers du confort et de leur propre vanité. Sa lucidité le plonge dans une solitude de plus en plus forte, qu'il endosse jusqu'à sa mort.

L'Étranger

Meursault mène une vie réglée par les habitudes. Il enterre sa mère selon les rites d'usage. Il ne feint pas un chagrin qu'il peut supporter, continue d'accomplir les gestes du quotidien. Le lendemain des funérailles, il va à la plage, puis au cinéma avec une amie. Plus tard, il se trouve mêlé à une bagarre et, accablé par la chaleur, sans raison, par un enchaînement aveugle de circonstances, il assassine un homme. Déféré à la justice, Meursault est condamné à mort. Mais, plutôt que de meurtre, ses juges l'accusent d'avoir été indifférent au décès de sa mère, d'avoir enterré celle-ci avec un cœur de criminel. Ayant vécu jusqu'ici étranger au monde des conventions, Meursault, au seuil de sa mise à mort, refuse de parier pour une autre vie et préfère consacrer à la terre ses derniers instants.

L'Homme révolté

Dans cet essai, Camus expose l'ensemble de sa philosophie de l'existence en se référant intensément à la *sagesse tragique* qui inspire l'œuvre et la vie de Nietzsche. *L'homme révolté* y est défini par une révolte qui, contrairement au nihilisme, affirme la valeur de la vie. Alors que le nihiliste conclut que l'existence ne vaut pas la peine d'être vécue et opte pour le suicide ou le meurtre, l'homme révolté vit de la tension créée par une indignation contre l'absurde qu'il ne révoque jamais et un amour de la vie qui prend toujours le dessus. L'homme révolté assume l'absurde jusqu'au bout – dans la lucidité et avec amour.

Huis clos

Garcin se retrouve dans un lieu étrangement inconnu jusqu'au moment où il se rend compte qu'il est mort et en compagnie d'autres morts, condamnés à ne pas pouvoir fermer les yeux. Chacun épie l'autre, fige l'autre dans ce qu'il a été et le juge. Garcin comprend qu'il est en enfer et que l'enfer, c'est de vivre sous le regard impitoyable des autres – que *l'enfer, c'est les autres*.

Les Justes

Un groupe de terroristes organise un attentat contre le grand-duc. Mais celui qui doit lancer la bombe se trouve arrêté par le regard des enfants qui sont, avec le grand-duc, dans la calèche. La pièce met en scène une question difficile : doit-on sacrifier des vies innocentes dans l'espoir de libérer un peuple de son tyran ?

Les Mouches

Oreste rentre à Argos, sa ville natale, qui est envahie par les « mouches », symbole des remords qui tourmentent ses habitants, jusqu'à ses souverains, Clytemnestre et Égisthe, coupables d'avoir assassiné le roi Agamemnon, époux de Clytemnestre et père d'Oreste et d'Électre. Encouragé par celle-ci, Oreste choisit de tuer les meurtriers de son père, afin de venger ce dernier. Persécutés à leur tour par les mouches, Oreste et Électre fuient Argos, emmenant avec eux les insectes et libérant, du coup, la ville d'Argos du remords.

La Peste

La peste s'abat sur la ville d'Oran. Pour des raisons d'hygiène, la ville est mise en quarantaine et se trouve isolée du reste du monde. Dans ce huis clos, qui met tous les habitants face au fait exceptionnel d'une épidémie mortelle, se révèlent autant la valeur de la vie, jusque-là occultée par les habitudes, que les attitudes possibles que l'homme peut avoir face à un tel événement. Le personnage principal est le docteur Rioux, qui, sans espoir, avec un pragmatisme sobre, accomplit scrupuleusement son métier de médecin. Lorsque, un jour, l'épidémie prend fin et que la ville s'ouvre à nouveau sur le monde extérieur, les habitants ont du mal à croire à ce nouveau changement de situation. Ils s'étaient, tout compte fait, habitués à la peste.

Éléments
de bibliographie

Sur l'existentialisme

Hannah Arendt, *La Philosophie de l'existence*, Payot, 2000.

Régis Jolivet, *Les Doctrines existentialistes de Kierkegaard à J.-P. Sartre*, De Fontenelle, 1948.

Emmanuel Mounier, *Introduction aux existentialismes*, Gallimard, coll. « NRF Idées », 1962.

Jacqueline Russ, *La Marche des idées contemporaines*, Armand Colin, 1994.

Histoire de la philosophie, t. III, Gallimard, coll. « Encyclopédie de la Pléiade », 1974.

Penser l'homme, hors-série n° 17 du *Point*, avril-mai 2008.

Sur les philosophes de l'existence

Sur Simone de Beauvoir

Michel Kail, *Simone de Beauvoir philosophe*, PUF, coll. « Philosophies », 2006.

Chantal Moubachir, *Simone de Beauvoir,* Seghers, coll. « Philosophes de tous les temps », 1972.

Sur Albert Camus

Morvan Lebesque, *Camus par lui-même,* Seuil, coll. « Écrivains de toujours », 1963.

André Nicolas, *Camus ou le vrai Prométhée,* Seghers, coll. « Philosophes de tous les temps », 1966.

Olivier Todd, *Albert Camus, une vie*, Gallimard, coll. « NRF Biographies », 1996.

Sur Karl Jaspers

Jean-Claude Gens, *Karl Jaspers,* Bayard, coll. « Biographie », 2003.

Jeanne Hersch, *Karl Jaspers,* L'Âge d'homme, 1979.

Angèle Kremer-Marietti, *Jaspers et la scission de l'être,* Seghers, coll. « Philosophes de tous les temps », 1967.

Sur Søren Kierkegaard

Jacques Colette, *Kierkegaard et la non-philosophie,* Gallimard, coll. « Tel », 1994.

Georges Gusdorf, *Kierkegaard,* éd. Seghers, coll. « Philosophes de tous les temps », 1963.

France Farago, *Comprendre Kierkegaard*, Armand Colin, 2005.

France Farago, *Kierkegaard, l'individu*, Michel Houdiard, 2008.

Sur Maurice Merleau-Ponty

François-George Maugarlone, *Retour à Merleau-Ponty*, Grasset, 2007.

Vincent Peillon, *La Tradition de l'esprit : itinéraire de Maurice Merleau-Ponty*, Grasset, 1994.

Alphonse de Waelhens, *Une philosophie de l'ambiguïté : l'existentialisme de Maurice Merleau-Ponty*, Publications universitaires de Louvain, 1951.

Sur Friedrich Nietzsche

Gilles Deleuze, *Nietzsche et la philosophie*, PUF, coll. « Quadrige », 1965.

Jeanne Delhomme, *Nietzsche*, Seghers, coll. « Philosophes de tous les temps », 1969.

Jean Granier, *Le Problème de la vérité dans la philosophie de Nietzsche*, Seuil, coll. « Ordre philosophique », 1966.

Jean Granier, *Nietzsche*, PUF, coll. « Que sais-je ? », 1985.

Sur Jean-Paul Sartre

Colette Audry, *Sartre*, Seghers, coll. « Philosophes de tous les temps », 1966.

Annie Cohen-Solal, *Jean-Paul Sartre*, PUF, coll. « Que sais-je ? », 2005.

Annie Cohen-Solal, *Sartre, 1905-1980,* Gallimard, 1985.

Francis Jeanson, *Sartre par lui-même,* Seuil, 1955.

Francis Jeanson, *Le Problème moral et la pensée de Sartre,* Seuil, 1966.

Auteurs

Nous avons privilégié les premières éditions françaises. La plupart des ouvrages cités sont disponibles en format de poche.

Simone de Beauvoir

Pyrrhus et Cinéas, Gallimard, 1944.

Pour une morale de l'ambiguïté, Gallimard, 1947.

Le Deuxième Sexe, Gallimard, 1949.

Mémoires d'une jeune fille rangée, Gallimard, 1958.

La Force de l'âge, Gallimard, 1960.

La Force des choses, Gallimard, 1963.

Albert Camus

L'Étranger, Gallimard, 1942.

Le Mythe de Sisyphe, Gallimard, 1942.

La Peste, Gallimard, 1947.

Les Justes, Gallimard, 1950.

Noces, Gallimard, 1950.

L'Homme révolté, Gallimard, 1951.

L'Envers et l'Endroit, Gallimard, 1958.

Edmund Husserl

La Crise de l'humanité européenne et la philosophie, Aubier, 1977.

Karl Jaspers

La Culpabilité allemande, Éd. de Minuit, 1948.

Introduction à la philosophie, Plon, 1951.

La Bombe atomique et l'avenir de l'homme, Plon, 1958.

Autobiographie philosophique, Aubier, 1963.

Initiation à la méthode philosophique, Payot, 1966.

Raison et existence, Presses universitaires de Grenoble, 1978.

Philosophie, Springer Verlag, 1989.

Søren Kierkegaard

Le Concept de l'angoisse, Gallimard, 1935.

Journal, Gallimard, 1941.

Post-scriptum aux Miettes philosophiques, Gallimard, 1941.

Ou bien... ou bien... Gallimard, 1943.

Discours édifiants, Éd. de l'Orante, 1966.

La Maladie à la mort, Éd. de l'Orante, 1971.

Maurice Merleau-Ponty

Phénoménologie de la perception, Gallimard, 1945.

Sens et Non-sens, Nagel, 1948.

Éloge de la philosophie, Gallimard, 1953.

Signes, Gallimard, 1960.

Le Visible et l'Invisible, Gallimard, 1964.

Friedrich Nietzsche

Le Voyageur et son ombre, Mercure de France, 1919.

Ainsi parlait Zarathoustra, Gallimard, 1936.

La Naissance de la philosophie à l'époque de la tragédie grecque, Gallimard, 1938.

Le Livre du philosophe, Aubier, 1969.

L'Antéchrist, Gallimard, 1974.

Jean-Paul Sartre

La Nausée, Gallimard, 1938.

L'Être et le Néant, Gallimard, 1943.

Les Mouches, Gallimard, 1943.

Huis clos, Gallimard, 1944

L'existentialisme est un humanisme, Nagel, 1946.

La Putain respectueuse, Gallimard, 1946.

Les Mots, Gallimard, 1964.

Index des noms propres

A

Adorno, Theodor W. 20
Anaximandre 89
Arendt, Hannah 21

B

Beauvoir, Simone de 14, 15, 17, 39, 40, 50, 52, 53, 54, 55, 56, 57, 58, 60, 65, 71, 72, 91, 104, 107
Bergson, Henri 91, 95

C

Camus, Albert 9, 10, 14, 39, 40, 41, 42, 44, 71, 72, 77, 79, 81, 82, 91, 104, 107

D

Descartes, René 96

E

Empédocle 89

G

Galilée 96
Gallien 30

H

Hegel, Friedrich 3, 4, 6
Heidegger, Martin 9, 11, 12, 13, 15, 16, 91
Héraclite 88
Horkheimer, Max 20
Husserl, Edmund 12, 13, 91

J

Jaspers, Karl 9, 10, 15, 19, 24, 29, 30, 32, 33, 39, 55, 65, 68, 69, 71, 72, 91, 98, 102, 104, 107

K

Kierkegaard, Søren 4, 5, 8, 9, 10, 11, 24, 25, 26, 27, 28, 39, 71, 72, 82, 83, 84, 86, 89, 90, 91, 104, 107

L

Lévi-Strauss, Claude 19

M

Marcuse, Herbert 19, 20

Marx, Karl 18, 91

Merleau-Ponty, Maurice 9, 14, 39, 40, 45, 47, 49, 51, 71, 72, 74, 75, 76, 91, 95, 97, 104, 107

Mounier, Emmanuel 9, 14

N

Newton, Isaac 10

N

Nietzsche, Friedrich 6, 7, 8, 9, 10, 11, 88, 89, 90, 91

P

Parménide 89

Pascal, Blaise 69

Platon 90

S

Sartre, Jean-Paul 9, 10, 14, 15, 17, 19, 24, 33, 34, 35, 37, 38, 39, 55, 63, 64, 65, 71, 72, 91, 104, 107

Socrate 6, 89, 90, 95, 96, 104

T

Thalès 89

Index des œuvres citées

A

Ainsi parlait Zarathoustra 7

Autobiographie philosophique 32

C

Chute (La) 78

Concept de l'angoisse (Le) 27

Crise de l'humanité européenne et la philosophie (La) 12

Crise des sciences européennes (La) 12

D

Deuxième Sexe (Le) 53

Dialectique de la raison (La) 20

Discours édifiants 83, 85

E

Éloge de la philosophie 96

Envers et l'Endroit (L') 41, 42

Essais et conférences 13

Étranger (L') 78

Être et le Néant (L') 14, 37, 64, 92

Être et Temps 11, 15

Existentialisme est un humanisme (L') 19, 64

G

Généalogie de la morale 7

H

Homme révolté (L') 42, 79

Homme unidimensionnel (L') 21

Huis clos 34, 37

I

Introduction à la philosophie 32, 69, 101

Introduction aux existentialismes 9

J

Journal 5, 27

Justes (Les) 78

L

Lettres à un ami allemand 81

Livre du philosophe (Le) 7

M

Mai 68, la philosophie est dans la rue ! 19

Mémoires d'une jeune fille rangée 53

Miettes philosophiques (Les) 27

Mots (Les) 37

Mouches (Les) 64

Mythe de Sisyphe (Le) 42

N

Nausée (La) 34, 37

O

Origines du totalitarisme (Les) 21

P

Peste (La) 78, 79, 81

Phénoménologie de la perception 48, 76, 92

Philosophie 32, 69, 92

Post-scriptum 5

Pour une morale de l'ambiguïté 19, 53, 59

Psychopathologie générale 30

Pyrrhus et Cinéas 53, 59

R

Raison et existence 101

S

Sens et non-sens 9

Signes 48, 76, 96

V

Visible et l'Invisible (Le) 48

Index des notions

A

abstraction 17, 18

absurde 13, 25, 34, 37, 41, 42, 43, 44

action 23, 24, 57, 66, 73, 75, 76, 96

agir 63, 64, 73, 87

ambiguïté 39, 40, 41, 44, 45, 47, 48, 50, 51, 94

angoisse 26, 27, 31, 37, 50

authenticité 16, 58

autrui 23, 34, 37, 47, 59, 60, 66, 72, 100, 103

avenir 40, 63, 75, 76

B

barbarie 10, 13, 63

bonheur 43, 44, 80

C

choisir 55, 58, 62, 65

choix 18, 24, 26, 27, 28, 37, 40, 47, 51, 61, 62, 66, 74, 76

christianisme 6, 8

civilisation 82

combat 29, 30, 53, 66

communication 56, 66, 99

communication existentielle 66, 100, 104

complexité 7, 19, 21, 39, 93

confiance 68, 70, 77, 83

connaissance 12

conscience 2, 12, 16, 18, 31, 36, 38, 42, 43, 44, 45, 47, 52, 53, 58, 63, 69, 71, 72, 73, 78, 80, 82, 88, 93, 97, 100, 104, 105, 106 contexte 72

contexte social 18

contingence 36

corps 30, 45, 47, 48, 49, 51, 72, 77

courage 32, 106

culpabilité 62

culture 72

D

Dasein 16

décision 25, 27, 28, 32, 52, 55, 56, 62, 63, 66, 67, 74, 75, 76

délibération 74

démocratie 14, 20

dépassement 31, 63, 78

désespoir 42

désir 36

destin 43, 80, 87

déterminisme 17, 18, 50

Dieu 7, 8, 68, 83, 85

dogmatisme 5

E

échec 31, 67, 68, 69

école de Francfort 20

effort 93, 106

égocentrisme 60

élan 28, 48, 73, 74, 75

engagement 21, 55, 61, 96, 103

espoir 77

esprit philosophique 88

essence 18

éthique 56, 58, 71, 106

Être 15

éveil 88, 89, 93, 97, 98, 101

existence 15, 18, 22, 35, 41, 47, 71, 72

expérience 23, 45, 48, 49, 73, 93, 95

expérience(s) existentiel-le(s) 35, 38

F

facticité 56

foi 33, 83

foi philosophique 100, 102

H

habitude 41, 44

hésitation 28

heureux 43, 88

histoire 17, 19, 77

humanité 17, 21, 56, 71, 102

I

imagination 85

imprévisibilité 74

imprévu 85

incertain 40

incertitude 11, 40

indépendance 98, 99

individu 7, 14, 83, 103

intuition 5, 28, 95

J

justice 11, 80, 81

L

libération 51, 53, 59, 75

liberté 13, 14, 38

libre arbitre 94

loi 11, 17, 66

lucidité 2, 24, 40, 60, 77, 103

M

mai 68 19

maladie 29, 30, 32, 67, 68, 69, 81

manque 36

marxisme 18

monde vécu 45

morale 59

moralité 58

mort 5, 10, 12, 13, 16, 29, 31, 33, 37, 43, 48, 67, 68, 69, 77, 79, 80, 81

N

nature 11, 66

nausée 34, 37

nécessité 17, 43

nihilisme 42

O

obstacles 68

Oreste 62

P

présocratiques 88

progrès 12, 13, 21

psychanalyse 18, 73

Q

questionnement 89, 96

R

raison 4, 6, 13, 20, 25, 28, 31, 35, 48, 72, 82, 89

rationalité 17, 20

réalité 12, 15, 63, 65, 99

réel 21, 45, 87, 88

refus 43, 77

renoncement 32

responsabilité 18, 21, 52, 55, 56, 62, 64, 71, 104, 106

révolte 42, 44, 53, 77, 78, 79

S

sacré 8

science 12

sécurité 85, 86

sens 2, 5, 11, 12, 19, 23, 25, 27, 28, 44, 45, 48, 50, 51, 57, 60, 65, 68, 75, 86, 87, 88, 92, 96, 97, 99, 100, 101

Sisyphe 43

situation-limite 31, 33, 67, 68, 70

Soi 16

solidarité 71, 79, 81, 103

solitude 31, 56, 59, 79, 98

souffrance 31, 47, 69, 77, 80, 88

stade esthétique 82

stade éthique 82

stade religieux 83

stoïcisme 87

structuralisme 20

sujet 16, 72

système totalitaire 14

T

totalitarisme 21

tragique 6, 88

tyrannie 14, 30, 59

V

valeur 63

valeurs 7, 14, 63, 82, 83, 107

vécu 47, 48, 75

vérité 2, 4, 7, 8, 25, 28, 52, 89, 94, 95, 96, 99

vie 6, 8, 25, 28, 38, 41, 43, 44, 70, 77, 78, 85, 95, 98

volonté 60, 61, 66, 74, 75

vouloir 58